高等院校通识教育新形态系列教

大学生的金融素养

刘晏如 宋博雅◎主编

人民邮电出版社

北 京

图书在版编目（CIP）数据

大学生的金融素养 / 刘晏如，宋博雅主编. -- 北京：
人民邮电出版社，2023.10
高等院校通识教育新形态系列教材
ISBN 978-7-115-62405-5

Ⅰ．①大… Ⅱ．①刘… ②宋… Ⅲ．①金融学－高等
学校－教材 Ⅳ．①F830

中国国家版本馆CIP数据核字(2023)第145549号

内 容 提 要

　　本书以金融应用场景为导向，以一位毕业于普通高校的理工专业背景的大学生李明为主角，以其学习、生活和职业发展故事为线索，将大学生在校期间和毕业后所要面临的诸多经济金融决策问题串联起来进行分析。

　　本书根据现有金融类教材的传统知识体系进行抽取和组合，分为基于经济生活场景的投资理财篇、基于职业发展场景的职业金融篇以及基于创业决策场景的创业金融篇。每一篇均通过李明的故事，引入金融决策分析，生动有趣、深入实际地将金融知识运用于各种决策场景中，从而将金融知识层层剖解，让读者阅读本书时能够在具有较强代入感的同时深入理解金融的本质和架构，在潜移默化之中增强金融素养。

◆ 主　　编　刘晏如　宋博雅
　　责任编辑　刘向荣
　　责任印制　李 东　胡 南

◆ 人民邮电出版社出版发行　　北京市丰台区成寿寺路 11 号
　　邮编　100164　电子邮件　315@ptpress.com.cn
　　网址　https://www.ptpress.com.cn
　　北京天宇星印刷厂印刷

◆ 开本：787×1092　1/16
　　印张：11.5　　　　　　　2023 年 10 月第 1 版
　　字数：261 千字　　　　　2025 年 7 月北京第 4 次印刷

定价：48.00 元

读者服务热线：(010)81055256　印装质量热线：(010)81055316
反盗版热线：(010)81055315

编　委

党的二十大报告指出："教育、科技、人才是全面建设社会主义现代化国家的基础性、战略性支撑。必须坚持科技是第一生产力、人才是第一资源、创新是第一动力，深入实施科教兴国战略、人才强国战略、创新驱动发展战略，开辟发展新领域新赛道，不断塑造发展新动能新优势。"我国经济进入了高质量发展阶段，科技创新已成为我国发展的新动力，而人才则是科技创新的第一资源。作为我国科技创新的主力军，大学生群体如何实现全面发展则成为新时代我国教育高质量发展的工作重点。其中，复合型的跨学科教育成为我国新时代高等教育改革的主要方向，而大学生金融素养教育则是跨学科培养、创新能力提升的重要环节。

金融作为支撑现代经济发展的核心力量，为全社会高质量发展提供动力保障。因此，金融素养教育对我国大学生认知提升、能力转化及实践创新均具有全局性的影响和意义。基于此，我们编写了本书。

本书分为三篇，共八章，分别为投资理财篇（第一章至第三章）、职业金融篇（第四章至第五章）和创业金融篇（第六章至第八章）。

投资理财篇以李明在校时期、毕业初期以及家庭成长期三个阶段的故事为背景，引入生活中无处不在的金融决策问题。第一章主要涉及在校时期的消费问题。该如何基于在校阶段的收支特征来合理安排消费，这是每个在校大学生都应关注但往往又容易忽视的问题。第二章主要涉及毕业初期大家会面对的购房与租房选择、贷款方式选择、投资规划等问题。第三章主要涉及家庭成长期的金融决策问题。

职业金融篇主要基于职业发展场景，以李明的职业发展经历为背景，引入职业场景中的金融决策问题。全篇主要涉及大学生毕业后在职业发展过程中因职位升迁所需思考和选择的问题，其中第四章主要涉及管理中的人、事、物统筹问题。如何用人、如何涉事、如何有效沟通，这些都是管理者的必备技能。第五章主要涉及管理中的财务问题。

创业金融篇主要基于创业决策场景，以李明和同伴的创业之路为背景，引入创业场景中的金融决策问题。全篇主要涉及大学生毕业后如果选择创业所必须面对和思考的问题，如"要不要创业""能不能创业""怎样解决创业中的资金问题"等。其中，第六章主要涉及创业前的准备工作，在"要不要创业"这个问题上，讲解如何结合自身专业挖掘项目的培育优势，如何基于不同视角分析创业利弊，如何根据创业需要的条件进行自我评价，进而做出适合自己的选择。第七章主要涉及创业中的融资问题，讲解创业的资金从哪儿来，投资人在意的是什么，怎样找到合适的投资人并成功拿到资金。第八章主要涉及公司运营中的风险管理问题，讲解一个公司想要顺利经营下去，需要注意哪些方面的问题，与投资人出现分歧时如何做到好聚好散。

本书具有以下三个特征。

1. 打破金融学传统理论框架

金融学传统理论框架有利于学生构建完整的学科体系，但弊端在于很难让学生在理论学习中充分感受到"学有所用"进而做到"知行合一"。因此，本书对现有金融类教材的传统知识体系进行抽取和组合，基于真实的生活和工作需求，构建更具应用导向的学习目标。例如，在投资理财篇中，不再以股票、债券、基金产品等传统的投资工具构建章节体系，而是直接以学生的成长时间线为线索，在不同的人生阶段，根据不同的人生需求，引入合适的投资工具。例如，股票是大家熟知的投资工具之一，但在校时期的大学生资金有限、抗风险能力弱，投资股票是一个需要慎重考虑的选择，因此本书未对股票进行介绍。

2. 小说式故事贯穿全书

现有金融类教材通常采取案例对应知识点的方式形成理论与实践的联系，但这种布局不利于学生发挥主观能动性，因为案例的延展性是有限的。因此，本书以李明的成长故事为应用场景，并依托场景构建各章框架，以增强学生学习的主动性和代入感。例如，在创业金融篇中，为让学生感受到创业绝非易事，需要谨慎选择，于是通过李明夫妻二人的对话展现创业所需考虑的问题。这种小说式故事有助于激发学生的主观能动性，让学生沿着故事的发展将自己代入。学生在阅读和学习的过程中，通过李明的人生故事便能直接体味现实，从而愿意畅想未来，主动学习。

3. 轻理论体系，重实践应用

本书作为通识读物，为降低专业门槛，在体例设计过程中尤其强调弱化理论体系，更多围绕李明在经济生活中面对的投资理财、职业发展以及创业选择的成长场景来展开。传统教材通常将习题附在章末，而本书以"任务实训"或"拓展任务实训"代替传统教材中的习题，直接排布在相应故事或者知识点后，以强化实践应用，提高学生学以致用的能力，进而做到知行合一。

另外，本书在注重趣味性的同时，也兼顾专业性，书中所涉及的诸多专业理论体系虽并未逐一呈现，但都在各篇结束后在"本篇推荐阅读"栏目中列出了相关专业读物，供学有余力的学生在金融领域进行更广泛的学习和探索。

在本书编写过程中，我们参考了国内外已出版的优秀读物，引用了部分内容和研究成果，在此，向有关作者表示诚挚的感谢。同时，电子科技大学成都学院教务处的毛敏处长、史勤刚处长以及商学院的余梅院长，在本书立项前后都给予了莫大的关心和支持，真心感谢他们的指导；并且，电子科技大学成都学院王聪吟老师、王璇老师以及2020级投资学专业的唐键彬同学、2020级财务管理专业的罗应俊同学、陈欣同学和乔宇珩同学积极参与本书的准备与研发工作，在此，向他们表示感谢。

最后，笔者深知水平有限，书中难免有疏漏及不足之处，欢迎各位读者批评指正！

刘晏如 宋博雅

2023 年 8 月

目录 ———————————————————————— CONTENTS

目 录

第八章
创业风险管理与创业退出 / 153

做财富的有效管理者

第一章
在校时期的财富管理

学习目标

表 1-1　学习目标矩阵

节目录	场景构建	知识目标	技能目标	思维目标
第一节 收支结构及特征	一、收入结构及特征	在校时期收入分类体系	收入整理	收支管理 思维
	二、支出结构及特征	在校时期支出分类体系	支出整理	
	三、收支管理	在校时期收支管理体系	收支管理	
第二节 财富管理方案:金融思维构建	一、收益追求与风险规避	收益风险知识体系	风险分散	收益风险 组合思维
	二、不可忽视的流动性	流动性知识体系	现金规划	
第三节 金融思维助力财富管理——初探金融工具	一、只聚焦消费的金融	消费金融知识体系	消费金融利弊分析	风险管理 思维
	二、寻找优质基金	基金知识体系	优质基金选择	
	三、配备银行理财产品	银行理财知识体系	银行理财投资决策	

成长前情提要

李明是一个就读于普通高等学校的电气工程专业的大三学生。

两年前,他怀揣着梦想进入大学校园,对未来的生活充满期待和憧憬。拥有清晰的方向、明确的规划,再加上切实的行动,李明相信这四年的大学生活一定会让自己储备丰富的成长经验。在他的诸多规划之中,其中一个便是希望自己能尽早地实现经济独立。

中学时期,李明的生活被父母照顾得井井有条,除了自己的学习,他不用操心其他事情。他很感恩自己的父母,但对于这个已年满 18 岁的大男孩来说,感恩的另一面是希望自己能尽早实现经济独立,这在李明看来是一件理所应当的事情。所以,李明很早就对大学生活有了憧憬,期待自己能成为一个真正意义上独立的个体。

然而,两年过去了,李明发现自己虽然远离了家乡、远离了父母,很多事情确实也可以自己做主,但说到底,自己做的这些"主"绝大部分还是受惠于父母每月按时提供的生活费。在进入大学前,他想过要好好计划和安排自己每月的收支,尽可能多地存下一些零花钱,以便早日实现经济独立。但事与愿违,这两年李明几乎没有存下任何钱,更谈不上经济独立。

"经济独立"的种子很早就在李明心里生了根，奈何一直未发芽。

深夜，李明独自躺在床上，有些失落，心里好似有一种声音在催促自己做些什么，却又不知该从何做起……

第一节　收支结构及特征 ↓

本节情景导入

第二天早上醒来，李明的耳边仿佛又回响起昨天夜里内心的那个声音，看到阳光洒满了宿舍的阳台，才慢慢静下心来。回看过去这一学年，他不定期地进行勤工俭学，还获得了奖学金，并且父母给的生活费也并不比身边的同学少。种种收入加起来，与周围的同学相比，不说大富大贵，但也绝对绰绰有余，可为什么自己还是"月光一族"，存不下来钱呢？自己也没乱花钱呀！

于是，他决定好好对自己每月的收支情况进行一番梳理，看看到底是哪里出了问题。那么，对收支的梳理需要注意些什么？所谓收支梳理，是不是就是记录流水账？梳理完这些收支后，又该做什么？

为了让"经济独立"的种子发芽，让"想法"转化为"行动"，李明决定去图书馆找一些经济、财商、金融相关的书籍自学。

一、收入结构及特征[①]

个人收入是指个人从各种途径所获得的收入总和，包括工资、租金收入、股利股息及社会福利等所收取得来的收入。对在校时期的大学生来说，收入并不来自以上途径，而是来自父母的每月供给、不定期的勤工俭学以及一些生日红包、压岁钱等。

父母的每月供给是在校大学生基本的收入来源，相关调查显示，在我国，约95%的在校大学生每月生活费主要来自父母。稳定性是该项收入的典型特征，它具有极强的生活保障功能。然而，一般情况下，该项收入只能覆盖大学生每月的基本生活支出和学习支出，基本不具有促使消费升级的额外功能。

不定期的勤工俭学收入是在校大学生的另一收入来源，是在校大学生基本生活费的补充，为消费升级提供支撑。然而，勤工俭学收入会受到社会经济条件、个人闲暇时间和禀赋能力等条件的限制，因此具有偶然性的特征。所以，该项收入很难完全覆盖在校大学生的基本生活开销，其计量也只能基于概率。我们在对其进行年度总额计量时需要进行每月预期判断。但以这种方式统计出的每月收入只是一个均值，并不等同于每月实际的可支配收入。

除了每月来自父母的固定生活费和不定期的勤工俭学收入外，在校大学生还有其他收入，如生日红包、压岁钱、奖学金以及银行存款利息等投资性收入所得。在校大学生收入来源如图1-1所示。

---

① 数据来源于中国青年网。

图 1-1　在校大学生收入来源

**成长场景 1-1**

收入盘点

在仔细对自己每月的实际收入进行梳理后，李明参照书中的分类标准及对应特征进行了归类，结果如下。

首先，每月来自父母的生活费有 2 000 元，这笔收入是固定的。

其次，勤工俭学活动参加了不少，但这项收入是很难按月进行统计的。于是，他对过去一年自己勤工俭学的所有收入进行整理后发现，在每个学期的前 2 个月，自己由于有较多的闲暇时间，几乎每周（含周末）都有课外兼职时间 10～15 小时（从事一份家教工作和一份快餐店兼职工作），每月可获得收入 300～400 元。这样，一学期下来就能赚得约 700 元。另外，他在寒假和暑假期间会抽部分时间做一些兼职工作，一年的收入约 3 000 元。如此一来，每年勤工俭学收入总共约 4 400 元。李明根据这部分收入取得的时间特征，保守估计每月的实际可支配收入可因此增加 350 元。

最后，每年李明的生日可获得来自父母和朋友的红包收入约 1 200 元。过去两年，李明还获得过不同等级的奖学金，平均下来每年约 3 000 元。这两部分收入也同勤工俭学收入一样，不是每月固定的，只能按年统计。所以如果按月保守估计，因此而增加的可支配收入约 350 元。

将上述的收入进行分类加总并平摊到每月，李明每月能获得收入约 2 700 元，这可是一笔不小的收入呢！看到最终算出的具体金额，李明不禁感慨道。

任务实训

➤　请梳理李明在校期间的收入结构，绘制收入饼状图。

> ➤ 基于在校期间自己的收支结构，通过列表的方式对在校期间收支结构进行系统梳理。

二、支出结构及特征

支出的分类标准有很多。按照在校大学生的支出特点，这里将支出分为消费性支出和投资性支出。

消费性支出是指为维持生活水平而进行的支出，主要包括与衣食住行相关的支出。消费性支出主要的限制条件是个人的财富总量和收入水平。

投资性支出是指为获取未来收益而放弃的现在的消费性支出，其主要目的是把现在的消费能力储存到未来，以期待在未来提高消费能力。投资性支出主要包括资产投资①支出和人力投资②支出。

 成长场景 1-2

支出统计

在对自己的月收入情况进行统计后，李明发现其实自己每月的收入并不少。虽然在此前没有记账的习惯，但李明从来也不是一个花钱大手大脚的人，那为什么就是存不下钱呢？

于是，为了搞清这个问题，接下来的一个月，李明对自己的日常开销进行了详细记录。记录结果显示：从结构上来说，每月的收入大部分用于消费性支出。消费性支出主要包括：三餐饮食约1 500元；衣物、日用品添置等约400元；与同学的休闲娱乐约400元；通信费50元。另外，李明从小就喜欢看书，每月也会支出 200～300 元用于各类书籍的购置，李明将这部分支出划为人力投资支出，因为他始终将读书视作不断学习和提升自己的途径。

如此计算后，李明发现自己每月确实结余不了多少钱了。但此时，他的脑子里突然出现了另一个想法：姑且不说自己的支出从数量上来讲是否合理，单就结构而言，自己的投资性支出占比很低，而投资性支出是一种可以为自己带来收益的投入，如果能在当前消费性支出中拨出一笔用于投资，不仅可以增加当期储蓄，还能在未来增加自己的每月收入。那么，到底应该从

---

① 资产投资是指投资于各种具有未来收益能力的资产。
② 人力投资是指对个人进行再教育以提高未来劳动生产率所做的投资。

消费性支出中拨出多少用于投资,在目前的消费性支出中又有哪些项目是可以缩减的呢?李明开始了对收支管理的学习。

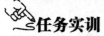**任务实训**

➢ 请梳理李明在校期间的支出结构,从你的角度为李明提出一些可行性建议。

➢ 请评价自己的收支结构是否合理,预判自己在校期间是否会存在收支赤字的情况。

专栏阅读

一个月 2 000 元不够花?大学生到底需要多少生活费

《2020 中国大学生消费行为调查研究报告》显示,被调查的来自全国 100 多所院校的 15 860 名大学生,大部分每月可支配生活费集中在 1 001~2 000 元,全体受访者平均每月可支配生活费约为 1 954 元。可见,一个月 2 000 元不够花并非一种普遍现象。那么,这种情况存在的原因是什么?

根据《2020 年中国北上广深地区大学生火锅消费行为洞察报告》,"北上广深"四地在 2020 年上半年有火锅消费经历的大学生的月均生活费约为 2 705.5 元。有火锅消费经历是否意味着偏高的生活费不得而知,但一线城市的饮食费、住宿费、交通费较高却是事实。一、二线城市公共交通体系相对完善,出行便捷,商场、电影院、KTV 等娱乐休闲场所的数量也相对多、覆盖广,生活在这里的大学生可能拥有更多元的消费选择与消费意愿,无形中也会增大每月的消费支出。

此外,互联网技术的发展使大学生在流媒体方面的花费增加了,为连续包月包年的音乐 App、视频 App 买单已成为常态。据《2020 中国大学生消费行为调查研究报告》,大学生作为年轻一代线上消费主力军,线上关注品类集中在悦己产品和学习工具产品上,学习之余他们可能是热血沸腾的运动少年，可能是保养精致的潮流女孩，也可能是宅在宿舍听歌追剧吃零食的慵懒学生党。结合"双十一"和 2020 年全年消费表现，高校学生对隐形眼镜、运动鞋、箱包、坚果零食、护肤彩妆、数码影音等更关注。这些都是不小的开支。

除此之外，你还知道哪些增加大学生消费支出的因素呢？

三、收支管理

收支管理需要记录每一笔账，从多个角度分析收入和支出，从而根据分析结果调整优化收支结构。

在校大学生的收入来源结构单一，但基本生活费相对稳定，这决定了其在收支管理过程中需要遵循"以收定支"的基本原则，即需要以既定的收入结构来灵活安排支出结构，以达到收支的动态平衡。在校大学生涉世未深，心智还不够成熟，容易受周围环境影响而发生冲动性消费，从而造成日常生活收支混乱的问题。因此，这个阶段的收支规划既要防止支出超过收入导致的赤字问题，又要避免支出结构混乱而产生的"低效用陷阱"。

另外，收入来源结构单一、金额相对固定也不意味着可以忽略收入端的管理。如果在基本生活支出确实无法被满足的情况下，就需要重新评估来自父母的基本生活保障费用是否合理，以达到预期的"以支定收"的局部平衡，又或者通过勤工俭学等方式获得一些额外收入，以作为基本生活保障费用的补充。

在校期间大学生收支结构框架及"以收定支"管理原则具体如图 1-2 所示。

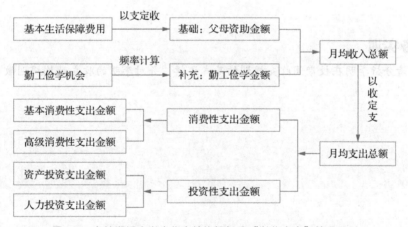

图 1-2　在校期间大学生收支结构框架及"以收定支"管理原则

 成长场景 1-3

"以收定支"还是"以支定收"

结合之前对自己每月收支情况的梳理结果，以及学到的收支管理原则，李明在收支管理方面做了以下工作。

如前所述，由于每月支出中投资性支出占比低，他想要从每月的消费性支出中拨出一部分用于投资，从而达到开源和节流的双效应，那么接下来就需要考虑消费性支出中可以拨出多少用于投资。这就需要对每月的支出项目进行逐一分析，寻找其中是否存在冲动性消费。

经分析后李明发现，与同学的休闲娱乐活动几乎是每周一次，每次花费约100元，这项支出的发生有时是因为缺少自控力，有时是因为碍于情面。所以，李明准备将这项冲动性消费压缩至每月150～200元。除此之外，饮食花费看似合理，实则三分之一以上的花费是由外卖产生的，李明认为这也是可压缩的地方，于是打算将自己每月的三餐消费控制在1 000～1 200元。因此，综合支出端的管理，李明每月打算压缩支出至不超过2 000元，这样一来，每月就能存下约700元，一年就是约8 400元，这部分结余便可根据实际情况变成投资性支出。综上所述，李明的支出管理策略如下。

（1）压缩冲动性消费；

（2）增加投资性支出。

就收入端来说，李明认为虽然自己能通过勤工俭学进行开源，但这部分收入具有较大的不确定性。所以，收入端的管理需要重点考虑在除去勤工俭学、奖学金等不确定性较大的收入后，仅靠来自父母的生活费能否满足自己的基本生活和学习需求。通过此前对支出的分析，李明发现在压缩部分冲动性消费后，仅靠父母每月的生活费可以覆盖自己的基本生活需求，甚至还小有结余。所以，李明制定的收入端的管理策略如下。

（1）生活费。父母每月供给的生活费金额是科学合理的，无须调整；

（2）勤工俭学收入。评估勤工俭学收入的获取是否不影响正常学习，根据评估结果再灵活调整；

（3）未来可能因为投资性支出的增加获得投资性收入。此项收入的获取难度较大，需进一步思考和规划。

✍️ 任务实训

➤ 请分析李明在校期间收支规划的基本逻辑，并对李明的收支结构规划做出评价。

➤ 根据自己目前的每月收支情况制订收支管理计划。

第二节　财富管理方案：金融思维构建

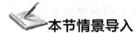

本节情景导入

在完成了收支结构整理，并按计划执行了相应的收支管理策略后，李明发现，自己现在每月确实能如愿获得一笔可观的储蓄。随着时间的推移，李明看到银行卡中的数字越来越大，在大三结束时，已存下了近 7 000 元，心里十分开心。这时，他意识到，如若不对这 7 000 元好好进行规划和安排，或许又会重蹈覆辙。因此，按照先前的想法，李明打算将这 7 000 元作为投资性支出，从而增大自己未来的收益。然而，此时的李明尚不具备任何投资知识，也没有任何财富管理经验，那接下来该怎样做呢？磨刀不误砍柴工，李明决定在行动前去图书馆找一些专业的投资理财、财富管理的相关书籍进行学习。

一、收益追求与风险规避

（一）收益与风险的不可兼容性

在金融领域中，收益和风险犹如硬币的两面，二者是同时存在的。

从期望值[①]的角度来看，一项资产的收益实则就是将该项资产在未来可能获得的所有收益乘以对应情况出现的概率，再进行加总。而风险就表现为最终实际获得的收益与期望收益之间的方差[②]，即收益的不确定性。通常情况下，收益和风险是成正比的，即高收益对应高风险。

人类天生就具有风险厌恶的偏好。一个理性的投资者在收益相同的情况下，一定会选择风险较低的投资方式。反之，人们在选择承担风险时，必定会要求相应的补偿，即收益增加。所以，市场上的金融资产在定价的时候会充分考虑对风险的补偿，这个补偿称为"风险溢价"。因此，风险资产的收益率，一般等于无风险资产收益率与风险溢价的加总。

> **专栏阅读**
>
> ### 两个故事告诉你风险与收益有时并不对等
>
> 理论告诉我们，"风险越大，收益可能越大"。在现实生活中，真是这样吗？
>
> ✔ 故事一：
>
> 一个房间里装满了黄金，同时还有一颗定时炸弹。门外同时冲进去三个人，进屋各装了一袋黄金后又同时跑出来。请问：这三个人承担的风险是一样的吗？
>
> 来看看这三个人事后的回答。第一个人说："什么？里面还有炸弹？"第二个人说："我装黄金时非常害怕，浑身颤抖。"第三个人说："我知道炸弹什么时候爆炸。"显然，第三个人的风险是最小的。

---

① 期望值（expected value）在概率论和统计学中是指试验中每次出现可能结果的概率乘以其结果的总和，是最基本的数学特征之一。它反映随机变量平均取值的大小。

② 方差是衡量随机变量或一组数据离散程度时的度量。在概率论中，方差用来度量随机变量和其期望值（均值）之间的偏离程度。统计学中的方差（样本方差）是每个样本值与全体样本值的平均数之差的平方值的平均数。在许多实际问题中，研究方差即偏离程度有着重要意义。

虽说上面的假设有些夸张，但在现实生活中，类似的情形却比比皆是。第一个人就是无知者无畏，浑然不知有巨大的风险。而真正的投资则应该是第三种情形，能够对未来做出准确预测，将风险降到最低。有这样一句话：这个钱只有我赚得，别人赚不得。为什么这个钱别人赚不得呢？就是因为别人来赚这个钱的风险特别大，而我赚这钱的风险较低。

✓ 故事二：

一家做空气净化器的企业，设备和产品都有了，只差将产品销售出去。行业报告预测当年空气净化器肯定热卖。这家企业为了促进销售，向银行贷款用于打广告。银行问："你有资产做抵押吗"？企业说："我的厂房是租的，设备已经抵押过一次了，贷款的钱用来买原材料生产空气净化器了，没有其他可供抵押的资产。"在这种情形下，银行觉得风险太大，没有通过对该企业的贷款。因为银行不能判断企业打广告后会取得怎样的效果，也不清楚该企业的空气净化器会不会热卖。

一个月后，这家企业的空气净化器在某电器连锁零售公司的卖场中热卖。原来，这家电器连锁零售公司并购了这家企业。该电器连锁零售公司更熟悉家电领域，通过行业分析得出空气净化器肯定热卖，且结合自身的销售渠道，认为只需在卖场中加个柜台，就能直接开始销售，连广告费都省了。对于面临的产品未来的销售风险，该电器连锁零售公司就比银行小很多。所以，该公司能赚这个钱，而银行就赚不了。

所以，风险越大、收益可能越大的前提是每个人接触的信息一样，对风险的把控能力也一样。这好比经济学理论中市场的有效性，市场能对资源进行最优配置，但前提是这个市场不是垄断市场，是完全竞争市场。理论是有用的，但照搬理论却是错误的。真正的投资并非以高风险取得高收益，而是承受比别人更小的风险取得理想的收益。

（二）资产组合的避险思维

资产组合是指资产持有者将各类收益和风险等级不同的资产加以组合，以达到在预期收益不变的情况下降低风险的目的。

假设资产 A 和资产 B 在未来都各有 1/2 的概率亏损 4%，另有 1/2 的概率获利 6%，但资产 A 和资产 B 未来收益率的相关性是-1，即当资产 A 上涨的时候，资产 B 表现为走跌。那么单独来看，资产 A 和资产 B 的预期收益率和收益的波动（风险）特征是一样的。但由于二者表现出来的收益走向特征是完全相反的，所以投资者如果以 50％和 50％的比例分别投资于资产 A 和资产 B，则该资产组合不仅可获得与单独投资某项资产一样的预期收益率，还能显著降低投资风险——一项资产价格下跌的损失会因另一项资产价格上涨而得到补偿。由此便可看出，资产组合的投资策略可帮助投资者达到规避风险的目的。

然而，资产组合的避险功能也不是万能的，这个投资策略只能分散来自资产的非系统性风险[1]，而无法分散资产组合的系统性风险[2]。

---

[1] 非系统性风险纯粹是指由个体自身因素引起的，导致不同资产收益率的不确定性。例如，违约风险、操作风险、财务风险都属于非系统性风险。

[2] 系统性风险包括政策风险、经济周期性波动风险、利率风险、购买力风险、汇率风险。这种风险的影响是全局性的。

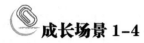

成长场景 1-4

风险分散如何做

李明查阅了相关资料，对自己知晓的一些常见投资理财工具——银行储蓄、基金理财、股票——进行了风险及收益的排序，发现银行储蓄是一种安全性最高但收益最低的产品，而股票相对来说投资风险最大但收益也最高。基金理财则介于二者之间。总体来看，这些产品均符合收益与风险对等的基本规律，即高风险的资产一般具有高收益率。

所以，李明认为，在使用这些投资理财工具时并不能过于心急，而是需要考虑自己的实际风险承受能力。例如，考虑到自己还是学生，不具备足够的抗风险能力和投资所需的专业知识，不适合接触股票这类高风险投资产品。

即便如此，李明还是深受资产组合的避险思维启发：虽然自己不曾进行任何形式的资产投资，更谈不上资产组合，但资产组合的避险思维在实际生活中非常常见。例如，大家都知道的一句俗语——不要把鸡蛋放在一个篮子里，本质就是分散投资进而规避风险。现在李明对这句话有了新的理解。具体来说，现在有两个篮子——a 和 b，如果不小心把 a 篮子里的鸡蛋打碎了，还可以存留 b 篮子里的鸡蛋。因此，a 篮子和 b 篮子的风险只表示个别资产的非系统性风险。而系统性风险就好比提着 a 篮子和 b 篮子的人，一旦这个人摔倒了，a 篮子和 b 篮子都会掉在地上，所有的鸡蛋都可能会碎掉。所以，"不要把鸡蛋放在一个篮子里"其实并不能规避因提着篮子的人不小心摔倒而带来的鸡蛋损失。

拓展任务实训

➤ 请举出两例自己生活中的风险分散行为。

➤ 根据你对风险分散的理解，结合自己的风险特征对每月结余资金进行资产组合安排。

二、不可忽视的流动性

（一）认识流动性

资产的流动性通常是指资产能否及时变现并且使持有人尽量不遭受损失的可能性。很多时候，投资者持有某项资产是想通过该项资产的增值效应增加自己的财富，或者形成更强的购买能力。所以，投资者不仅要考虑资产的收益和风险问题，也要判断其流动性，这直接关系到资产顺利变现而最终形成的购买力。一般来说，资产的流动性与资产的收益成反比，与风险成正比——流动性强的资产，其收益低，但风险相对较小。

例如，银行活期存款可以直接用于转账交易，而银行定期存款则无法用于转账交易；如果要将银行定期存款用于转账交易，则需要先将定期存款转为活期存款，如此持有者就需要支付相应的时间成本、行动成本等。又如，投资者意将持有的房产资产变现，并用于支付债务，需要等待很长的一段时间，其间发生的房价贬值风险、交易税费等，将折损掉房产相当一部分本来的价值。

（二）流动性最强的现金规划工具

现金规划是对现金及现金等价物[1]进行管理的一项活动，可使持有者所拥有的资金既能满足当期消费又能满足储蓄计划。这对于遵循"以收定支"管理原则并期望能产生结余的在校大学生来说具有重要的现实意义。

现金规划工具从功能上来说可以分为投资工具和筹资工具。流动性最强的投资工具是银行存款，银行存款变现能力强，即使是定期存款也可提前支取，加上银行服务网点较多，遍布城乡各地，因此这种投资工具十分方便且安全性较高[2]。流动性最强的筹资工具主要指短期贷款，它是指期限在 1 年以内（含 1 年）的贷款。

 成长场景 1-5

现金管理初计划

李明决定利用现金规划工具对自己每月的现金结余进行安排。通过此前对收支情况的整理和计算，李明每年能产生现金结余约 8 400 元，有一点需要注意的是，这些现金结余并不会每月均等地产生。从收支特征来看，由于收入中有诸如勤工俭学收入、奖学金等偶然收入，因此每月的实际现金结余也会受到较大影响。具体来看，李明每月的收支及相应现金结余情况如下。

在一年中的前三个月，由于获得压岁钱、学校奖学金以及假期兼职收入等，大约每月可结余 1 500 元。从第四个月到第六个月，由于课业的加重和学校活动的增加，勤工俭学收入会逐渐减少，因此每月的净结余大约会从 400 元缩减至刚好收支平衡。在暑期的两个月中，每月可通过兼职工作赚取收入，但同时由于娱乐活动增加会使支出增大，最终每月产生的净结余约 800 元。秋季开学后，每月的现金结余约 300 元，但由于 11 月份参加"双十一"活动以及 12 月份学期结束后聚餐、游玩活动增多，每月不仅没有现金结余，还要从之前的储蓄中

---

[1] 现金等价物是指流动性极强的投资资产。持有者可在极短的时间内将其变现获得等数额的现金。

[2] 目前我国各银行开办的各种存款种类很多，按期限长短来划分，可分为活期、定期、定活两便和通知存款等。高流动性的存款工具一般指的是活期存款和期限较短的定期存款。

拿出 300 元。

在此之前，李明就直接将每月结余的钱以活期存款的方式存在银行，但由于现金结余并不多，所以每年依靠这些存款产生的利息非常少。那么除了活期存款，是否还有其他适合自己的储蓄方式呢？带着疑问，李明走进了银行大厅，将自己的情况与需求告诉了工作人员，工作人员推荐他零存整取，即每月进行定额储蓄，多余的资金可先存入另一账户，若某月结余不够，可从该账户提取多余的资金补齐。这样一来，不仅可以实现定期储蓄，还可获得比活期存款更高的利息收入。李明认为这种灵活的储蓄方式很适合自己，于是仔细地盘算了一番，制订了以下储蓄计划。

（1）将大三这一年已经产生的结余 6 400 元转为一年期定存（整存整取），按照年利率 2% 计算，毕业时的本利和将约为 6 528 元。

（2）如果剩下一年照旧，那么采用零存整取的方式，平均每月定额储蓄 600 元，按照年利率 1.5% 计算，毕业时本利和将约为 7 259 元。

专栏阅读

储蓄存款的技巧你知道吗

✓ **技巧一：金字塔式储蓄法**

具体操作：现在有 10 000 元，可以分成 4 份来定期储蓄，每张存单的金额呈金字塔状。例如，将 10 000 元分成 1 000 元、2 000 元、3 000 元、4 000 元共 4 张存单，均存为一年定期。假如急需用 1 000 元时，可以只提取 1 000 元的存单，这样，损失的定期利息只是这 1 000 元存单的，不影响其他 9 000 元的定期利息。这种方法可以避免原本只需要提取小额现金却不得不动用大额存单的情况，减少了不必要的利息损失。

✓ **技巧二：月月定存法（12 张存单法）**

具体操作：每月存入一定钱款，使所有存单年限相同，但到期日期分别相差一个月，共 12 张存单。这种方法适合月月领工资、月月攒钱的上班族。例如，将每月定期存单的期限设为一年，如此一年下来，你就会有 12 张一年期的定期存单。从第二年开始，每个月都会有一张存单到期，享受一年定期利率。如果有急用，你可以使用这笔钱，但不会损失利息；如果没有急用，可以自动续存，而且从第二年开始，就可以把每月要存的钱添加到当月到期的这张存单中，继续滚动存款。但每个月都要把当月要存的钱添加到当月到期的存单中，重新生成一张存单。这种方法不仅能够很好地聚集财富，还能最大限度地发挥储蓄的灵活性。存款人可以根据自己的实际情况，选择不同的定存法，如 24 张存单法、36 张存单法……

✓ **技巧三：分项储蓄法（递进式储蓄法）**

具体操作：将储蓄的资金分成若干份，分别存在不同的账户里，或在同一个账户里设定不同存期的储蓄方法，但要注意存款的期限最好是逐年递增的。例如，假设你有 8 万元的现金打算储蓄，可把其中的 2 万元存活期，作为家庭生活的备用金，随时支取；针对剩下的 6 万元，开设一张 2 万元、一年期定期存单，开设一张 2 万元、两年期定期存单，开设一张 2 万元、三年期定期存单。一年后，将到期的 2 万元再存为三年期的定期存单，两年后将到期的钱款也转存为三年期的定期存单，这样以后每年都会有一张存单到期。这种方式可以适应利率调整，且增值、取用两不误，适合长期储蓄。

 拓展任务实训

请结合李明的案例和上述储蓄技巧，根据自己的实际情况为自己制订可行的储蓄计划。

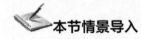 **第三节　金融思维助力财富管理——初探金融工具**

 本节情景导入

在了解了金融基础知识后，李明意识到，财富的积累是需要有一定的经济基础的，而仅靠自己目前每月生活结余而留存下来的少量甚至零储蓄是难以实现经济独立的。那么，除了对自己每月的收支进行管理，减少不必要的花费，进而提高储蓄，是否还有其他方法可以帮助自己更快地实现经济独立呢？李明从小就听过这样一句话：钱是挣出来的，不是省出来的。因此，在他看来，开源比节流更重要，而作为金融体系中非常重要的金融工具，能否帮助自己实现愿望呢？怀着这样的期待，李明开始了对金融工具的探索。

一、只聚焦消费的金融

在金融领域中，有一种专为具有消费属性的产品或服务提供资金融通的金融服务，我们称之为消费金融，也就是俗称的提前消费或信用消费。这种金融服务只聚焦消费领域。随着电商消费的刺激、生活品质的提高、消费场景的丰富，大学生的消费不断升级，大学生已然成为消费金融市场中庞大的消费群体之一。

（一）传统消费金融

商业银行作为我国传统的金融中介机构，也是我国消费金融业务的主要供给方。目前，商业银行主要通过直接发放消费贷款和信用卡透支两种途径开展消费金融业务。信用卡透支是商业银行给予持卡人在持卡购物消费时规定限额内的短期透支。

（二）互联网消费金融

互联网消费金融是指互联网金融企业通过互联网向个人或家庭提供与消费相关的支付、储蓄、理财、信贷以及风险管理等金融活动。从本质上讲，互联网消费金融其实就是网络贷款，即具有相关资质的互联网金融企业在大数据征信的基础上，通过互联网向消费者提供某个具体消费产品或服务贷款的金融运作模式。其具体的服务模式包括信贷消费金融模式[1]和电商平台消费金融模式[2]，如图 1-3 所示。

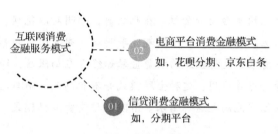

图 1-3 互联网消费金融服务模式

由于电商平台消费金融模式与网购行为直接相关，故在校大学生接触电商平台消费金融模式较多。

 成长场景 1-6

利用消费金融进行开源

既然消费金融可以解决在消费中某个节点上的入不敷出或资金紧缺的问题，那么为什么不尝试一番呢？李明决定首先去尝试申办信用卡，于是，怀着期待的心情，李明走进了学校附近的中国建设银行大厅。

"您好！请问要办理什么业务？"工作人员热情地询问。

"请问你们可以给在校大学生开办信用卡吗？"李明问道。

"可以。"工作人员回答道。

李明听后很是兴奋，随后从工作人员手中接了一份中国建设银行的信用卡业务产品宣传单，开始认真翻阅起来。翻阅后，李明显得局促起来。

原来，李明发现，中国建设银行的信用卡产品虽然有学生专区，但其提供的信用卡只有两类。一类是"封存额度"的学生信用卡，这种信用卡需要客户邀请第二还款来源人前往银行网点签署"中国建设银行大学生信用卡第二还款来源声明书及额度调整申请表"以后，才可释放信用卡额度。在李明看来，这实则依然是一种需要父母兜底的提前消费行为，算不得真正意义上的经济独立。第二类信用卡是一些与国内高等学校的联名信用卡，这类信用卡只针对相应高校的在校师生或已毕业校友发放，而自己就读的学校并不在此范围内。

---

① 客户通过手机客户端填写个人资料申请贷款，得到现金后用于日常生活消费。其常见于分期平台，该平台实际充当信用中介的角色。

② 电商平台借助大数据优势，根据客户的消费能力和信用等级进行授信，从而为客户提供商品的分期服务。

于是，李明只得离开。在回学校的路上，又路过了一家招商银行网点，李明暗自嘀咕："中国建设银行的学生信用卡我办不了，那招商银行的行不行呢？"说着，便一脚迈进了招商银行的营业大厅。

然而，李明从大堂经理处了解到，招商银行的学生信用卡都是零额度信用卡，在校期间需存钱才能消费，待毕业入职完成毕业登记并通过审核后，才能解锁额度。如此看来，招商银行的这种学生信用卡与自己目前已经拥有的储蓄卡从功能上来说并无两样。最终，李明只得失望而归。

同学建议李明试试电商平台消费金融。在此之前，李明对以花呗、京东白条等为代表的电商平台消费金融并不陌生。从初入大学校园起，李明就在周围同学的影响下进行过小额度的花呗分期偿付。但在李明看来，这种模式的消费金融始终存在局限性，即只能在特定的购买场景中使用，如若想要将资金另作他用，这种金融模式并不能满足。而与之相比，以分期平台为代表的信贷消费金融模式似乎能满足这一需求。借助这种消费金融模式，借款人可以直接得到现金并用于日常生活消费。

但是，对于这种金融模式，李明又产生了新的顾虑——这种信贷消费金融模式从本质上来说，就是大学生网络贷款。从进校起，李明就听到过不少大学生深陷网络贷款陷阱的事例。学校和老师时刻提醒大家要提防这种打着"校园贷款"的高利贷骗局。在一些包装下，这种骗局有时连一些社会人士都难以识别，更别说自己这类没有任何社会经验的大学生了。经过反复思考，李明觉得确实不值得为了开源去冒险，于是，他找到室友，建议室友也赶紧停止这种行为。听完李明的分析后，室友表示认可，同时也意识到，即便在此之前自己的贷款都如期偿还，未出现违约情况，但在无形之中，自己的消费习惯似乎被改变了——变得习惯透支消费、习惯提前消费，这样下去，未必是一件好事。

任务实训

请站在李明和室友的角度，帮助他们分析消费金融的利弊。

经过跟室友的讨论，李明意识到，消费金融的本质是对未来收入的提前透支，并不能帮助自己实现真正意义上的开源。那么，如何才能赚得真正属于自己的收入呢？带着这样的疑问，李明求助了商学院金融专业的老师，老师告诉他，或许可以试试投资金融工具。一般而言，风险承受能力并不高的在校大学生可以选择的金融工具有限，只能选择一些低风险的金融产品，如银行存款/理财、国债、低风险类基金等。因此，李明决定对这类金融工具好好研究一番……

✍ 拓展任务实训

➤ 请梳理自己自进校以来消费金融的使用情况，包括但不限于使用消费金融的种类、所涉金额、相应用途等。

➤ 基于以上结果，评价自己对消费金融的利用情况。

二、寻找优质基金

（一）为什么买基金

如果家里的宠物生病了，你是选择自己给它治疗，还是带它去看宠物医生？如果你深陷一场官司，你是选择自己辩护，还是聘请专业律师？如果你的汽车在路上抛锚，你是选择自己处理，还是寻找道路救援？

对这些问题你早有答案——当然是去看宠物医生，当然是聘请专业律师，当然是寻找道路救援！你会这样选择，无非就是想将专业的事交给专业的人做。

投资基金时就是如此。投资者将钱委托给基金管理人（基金公司），让其代为投资，从而为自己赚取收益。所以，相较于股票和债券，基金最大的优势之一就是在专业领域深耕。

（二）基金的分类

按照募集资金的方式不同，基金有公募基金①和私募基金②两种不同的类型。普通投资者很难接触私募基金，其投资门槛较高，所以本节所说的基金特指公募基金。

根据不同的标准，基金可分为不同的种类，具体如图1-4所示。

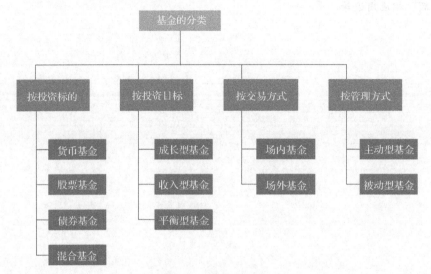

图1-4　基金的分类

按照投资标的不同，基金可分为货币基金③、股票基金④、债券基金⑤和混合基金⑥。

按照投资目标不同，基金可分为成长型基金⑦、收入型基金⑧和平衡型基金⑨。

---

① 公募基金是指面向社会大众（即不特定的公众投资者）募集资金。

② 私募基金是指以非公开方式私下向少数特定投资者（如有业务往来关系的企业、股东）进行资金募集。

③ 货币基金的大部分资金都存放于银行以获取利息，或投资于国库券、央行票据等货币市场产品。风险相对较低，收益稳定。

④ 股票基金把80%以上的资金投资到股票市场里，收益和风险都相对较高。

⑤ 债券基金把80%以上的资金投资到债券里，收益主要来自债券的利息和买卖差价。

⑥ 混合基金把资金投资于股票、债券、货币等多种类资产，风险和收益介于股票基金和债券基金之间。

⑦ 成长型基金是以资本长期增值为目标的投资基金。其风险和收益都相对较大，适合风险承受能力较强的投资者。

⑧ 收入型基金是以获取最大当期收入为目标的投资基金。其本金损失的风险较小，适合保守型投资者。

⑨ 平衡型基金是兼顾可观的当期收入和长期成长双重目标的投资基金。

按照交易方式的不同，基金可分为场内基金①和场外基金②。

按照管理方式划分，基金可分为主动型基金③和被动型基金④。

（三）如何选择优质基金

对于基金的选择，我们要从多个角度进行综合分析和判断，目的就是要挑选出适合自己收益和风险偏好的基金。一般情况下，我们可以从以下方面对市场上众多的基金进行筛选。

（1）基金类型。基金投资收益和风险与基金的投资标的或管理方式直接相关。例如，股票基金的收益高，债券基金的收益相对稳定，混合基金的收益介于二者之间。由于收益与风险成反比，因此，投资者可根据自己的风险承受能力进行选择。

（2）基金经理。从某种程度上来说，选择基金就是在选择基金经理及其背后的团队。因此，基金经理的历史业绩回报是一个重要的参考指标。

（3）基金规模。基金规模是衡量一只基金是否健康的指标之一。实践表明，规模较小的基金一般会有较大的清盘风险。尤其是开放式基金，规模较小一般是由于业绩欠佳，投资者大量赎回。加之对于基金公司来说，其管理费用一般与基金规模挂钩，所以，基金规模较小对于基金公司的激励是不足的。

（4）基金评级。所谓基金评级，就是独立的第三方机构根据基金的历史业绩表现做出评价，评价结果可供投资者在选择基金的时候参考。目前，国内主流的基金评级机构有晨星资讯、中国银河证券、招商证券、上海证券等。

 成长场景 1-7

基金投资初体验

对基金进行完整系统的了解后，李明很是开心，终于找到一款适合自己目前阶段的可投资工具。在他看来，首先，投资是一件非常耗时耗力的事情。自己作为一名在校大学生，日常课业会占据自己的大部分时间，因此能够用于投资研究的时间相对较少。其次，自己先前没有任何投资经验，更不具备投资的相关能力，因此，与其自己摸爬滚打，不如把专业的事情交给专业的人去做，自己坐等获利即可。最后，由于自己每月的资金结余非常有限，投资其他金融工具不现实，那么，利用基金的规模效应，通过组合投资分散投资风险确实是一种再适合不过的选择了。

所以，根据上述的基金选择方法，李明尝试着选出一只好基金，为此，他做了以下事情。

首先，李明根据自己当下的收入和支出情况对风险偏好进行定位，明确自己适合货币基金或债券基金等风险较低的基金类型。

其次，李明找到了第八届（2021 年度）中国基金业"英华奖"获得者名单，整理出三年期

---

① 场内基金的交易只能在证券交易所进行。

② 场外基金的申购和赎回在证券交易所之外进行，包括基金公司的直销平台、银行、券商和第三方销售平台（如支付宝、微信等）。

③ 主动型基金需要基金经理主动选股，通过自己的投资能力使基金的收益超过市场的平均业绩表现。

④ 被动型基金不需要基金经理主动选股，只需要复制某个指数的成份股并持仓跟踪即可。典型的例子就是指数型基金。

和五年期纯债投资的"最佳基金经理"，具体如表1-2所示。

表1-2　第八届中国基金业"英华奖"最佳基金经理名单

三年期纯债投资最佳基金经理		五年期纯债投资最佳基金经理	
刘×	基金公司A	马×	基金公司B
张×	基金公司D	王×晨	基金公司C
林×	基金公司C	祝×	基金公司A
严×勇	基金公司F	黄×亮	基金公司G
杜×超	基金公司H	纪×静	基金公司I
经×云	基金公司J	刘×锋	基金公司B
尹×俊	基金公司K	陈×杨	基金公司L
倪×娟	基金公司L	李×硕	基金公司C
武×	基金公司G	代×	基金公司M

再次，李明在以上获奖的基金经理中，选取了基金公司H的基金经理杜×超，将其名字输入"天天基金网"中，进一步了解到该基金经理的信息——累计任职时间5年又222天，任职期间最佳回报26.78%。于是，李明锁定了该名基金经理。

最后，李明在该基金经理当前管理的共17只基金中，选取了近3年收益率最高的××基金进行投资。该基金属于债券型基金，规模35.56亿元（2022-03-31），近3年收益率19.71%，基金评级四颗星。

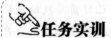 **任务实训**

请对李明此次选取基金的过程给予评价，并思考有无调整和优化的空间。

专栏阅读

投资基金，你需要避开这些坑

✓ **第一个坑：抬轿子——基金之间的利益输送**

"抬轿子"是指牺牲一只或几只基金去捧另一只基金。一家基金公司旗下有好几只基金，一只基金先买入某只股票，然后其他基金再持续地买入这只股票，推高股价。那么先买入这只股票的基金业绩自然就上去了，净值也自然提高了，这就相当于"坐轿子"，而后面接盘的基金就相当于"抬轿子"。

避坑指南：

第一，看到明星基金，一定要看基金经理是否还管理着别的基金，是否有成份股大量重合但业绩却相差较大的情况，如果有，远离它。

第二，如果基金经理不存在这种情况，看看这个基金公司的其他基金，基金公司可能会牺牲其他基金的业绩去造明星基金，从而提高其知名度和影响力。

✓ **第二个坑：老鼠仓——基金经理对亲朋好友的利益输送**

基金经理用自己的亲朋好友的账户，低价大量买入几只股票，然后再用客户的钱，不断买入这几只股票，推高股份。在高位，基金经理卖出自己的股票，赚得盆满钵满；客户的钱，却在高位套牢了。

避坑指南：

"老鼠仓"在事前是比较难发现的，但是投资者还是有办法可以避免掉进坑里，即"识前科"，其中最重要的就是要避开那些多次被曝出建"老鼠仓"的基金公司。如果出现一次，可能是基金经理的个人行为；如果出现好几次，这就表明基金公司的内部管理机制存在着重大缺陷。此外，假设你买入基金的公司被曝出了建"老鼠仓"的新闻，你要果断地止损，千万不要犹豫。

✓ **第三个坑：接盘侠——上市公司与基金公司之间的利益输送**

基金公司与上市公司先达成协议，大量买入股票，从底部开始抬高股价。接着上市公司发布相关利好消息或热点话题，吸引散户进场，进一步拉升股价。之后基金公司接盘上市公司股东减持的股票，随后又在二级市场全部抛售。盈利将在上市公司和基金公司之间进行划分。

避坑指南：

对于一只基金，投资者一定要仔细地查看基金经理的持仓情况。如果发现基金经理特别喜欢持有话题多、交易活跃，但是实际业绩表现平平的股票，这个时候就要提醒自己，注意风险。

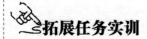**拓展任务实训**

请选择一只基金，对其进行投资决策分析。

三、配备银行理财产品

（一）银行理财产品是什么

银行理财产品是商业银行在分析研究潜在目标客户群的基础上，针对特定目标客户群自行开发设计并销售，或与合作机构共同开发并代为销售的资金投资和管理计划。在理财产品这种投资方式下，银行只是接受客户的授权管理资金，投资风险由客户或客户与银行按照约定方式共同承担，收益一般要高于银行存款。

（二）银行理财产品的分类

目前，各大银行推出的理财产品大致可分为保本固定收益类、保本浮动收益类和非保本浮动收益类三种，如图 1-5 所示。

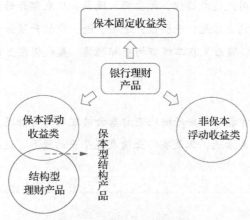

图 1-5　银行理财产品类型

保本固定收益类产品是指本金和收益都能得到保证的银行理财产品，其资金一般会投向安全级别较高的国库券、央行票据等。这种类别的银行理财产品收益率相对较低，但安全有保障，适合保守型投资者。

保本浮动收益类产品是指本金能得到保证，但收益浮动的银行理财产品，一般与商品期货、股票、基金、指数等挂钩，是一种结构型理财产品①。

非保本浮动收益类产品是指本金和收益都不能得到保证的银行理财产品，其资金一般会投向风险较高的债券、房地产以及国内外股市、基金等领域。

（三）如何选择银行理财产品

同选择基金一样，面对市场上众多的银行理财产品，投资者依旧需要根据自己的实际需求进行选择。一般而言，投资者需要做以下事情。

首先，要学会辨别理财产品的真伪。一般正规银行发售的理财产品会在中国理财网登记备案。

其次，要明白银行卖的不一定是银行理财产品，即在银行销售的所有理财产品中，有其针对特定目标客户群自行开发设计并销售的，也有与合作机构共同开发并代为销售的，还有产品的设计与开发完全与银行自身无关，银行只是作为销售平台进行代销的。投资者可以借助中国理财网查阅理财产品登记编码，若能查到其产品编号是以大写字母 C 开头的 14 位或 15 位编码，说明是银行自营产品。如果初次购买银行理财产品，建议选择银行自身发行的理财产品。

最后，要选择真正适合自己的理财产品，综合考虑产品收益与风险水平是否与自己的风险承受能力相匹配、产品的投资期限是否会对自己未来一段时间的支出计划构成阻碍，以及产品是否有购买门槛，自己能否达到其最低出资要求等实际问题。

专栏阅读

银行理财产品绝对安全吗

根据银行理财产品的类型，我们已经知道银行理财产品并不是绝对安全的，其利息甚至本金有损失的可能。那么，究其风险种类，银行理财产品的风险主要来自以下四类风险。

第一，破产风险。破产风险是指如果银行破产，银行理财产品是否能获得保护的可能性。相较于银行存款，银行理财产品并没有那么安全。过去，国家未出台对应破产的法律条例，但在银行倒闭时，政府默认采取某种形式保护存款人的利益，因此，银行存款可以说是绝对安全的。2015 年 5 月 1 日，《存款保护条例》开始实施，条例中明确规定：存款保险实行限额偿付，最高偿付限额为人民币 50 万元。然而，这项规定只针对银行存款，不针对银行理财产品。

---

① 结构型理财产品是指将资金投资于固定收益工具（通常是定息债券）和金融衍生工具（如远期合约、期权等）组合，从而收取收益的理财产品。近年来，银行为迎合多数投资者的风险偏好，推出保本型结构产品，这类产品存在损失利息的风险，但收益通常较保本固定收益类产品更高。

第二，收益风险。银行理财产品的收益风险是指收益达不到销售人员对外宣布的收益率水平。例如，对于长期收益不好的产品，销售时可能就只宣布"近7日收益率"；而对于短期收益不好的产品，销售时可能就会宣布"近1年收益率"。总之，实际收益率可能没有投资者想象得高。

第三，预期风险。其指销售人员口中"预期收益率"和投资者真正关注的"实际收益率"之间的差别。

第四，道德风险。道德风险简单来说就是银行工作人员出于自身利益而做出不利于他人的行为，这是一种与人相关的风险，所以可能发生于任何金融服务机构，而并非银行专属。银行工作人员可能出于自身利益推荐不适合投资者的产品，或串通银行外部人员售卖非本行的高风险产品，这些都是道德风险。

 成长场景1-8

基金与银行理财产品的抉择

在对基金有所了解后，李明感慨：基金好处固然多，但对于自己来说，风险似乎并不小。即便选取最佳基金经理所管理的基金，也不能保证稳赚不赔。就像之前自己选取的南方双元A（000997），虽然长期业绩表现良好，但短期的小幅波动在所难免。加之在基金投资过程中，还会出现各种问题，简直防不胜防。

在李明看来，自己对生活的要求其实并不高，因此并不愿意为了高收益让自己的生活受到较大影响。那么，是否有一种风险与收益介于银行存款和基金之间的财富管理方式呢？原本他将目光落到了银行理财产品上，但通过上面的学习，李明发现，银行理财产品并不是绝对安全的，并且在很多方面的适用性不如基金。

首先，对自己的风险承受能力进行测试后，李明发现自己当前是谨慎型投资者。那么，适合购买的银行理财产品的风险等级就是R1[①]，而这类产品的主要投资去向就是货币基金。

其次，银行理财产品有一个重要的特征就是基本不可以提前赎回，极少数银行理财产品可以提前赎回，但投资者会支付很大一笔手续费。其相较于基金流动性弱很多。

最后，大部分的银行理财产品都有1万～5万元不等的投资门槛，而基金投资门槛比银行理财产品低得多，大部分基金的起购金额在10～1 000元，有的甚至低至1分钱。银行理财产品的高门槛着实让李明望而却步。

综上，银行理财产品并不适合李明。最终，李明又想到了基金，他认为，至少在自己的大学阶段，基金相对来说是最适合自己投资的金融工具。而银行理财产品、债券、股票，甚至其他金融衍生工具，待自己有更多的财富和更强的风险承受能力后再选择也不迟。

① 银行理财产品通常会有五种级别：谨慎型（R1）、稳健型（R2）、平衡型（R3）、进取型（R4）和激进型（R5）。

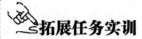

拓展任务实训

请选择一只基金，对其进行投资决策分析。

本章关键词

生活保障、消费升级、投资性支出、以收定支、资产组合、风险分散、流动性、现金规划、储蓄、消费金融、投资基金、银行理财产品

第二章
毕业初期的财富管理

 **学习目标**

表2-1 学习目标矩阵

节目录	场景构建	知识目标	技能目标	思维目标
第一节 收支结构及特征	一、收入结构及特征	毕业初期收入分类体系	怎样创收	收支管理思维
	二、支出结构及特征	毕业初期支出分类体系	如何节流	
	三、收支管理	毕业初期收支管理体系	综合收支管理	
第二节 财富管理方案： 住房规划	一、购房与租房的决策方法	年成本法、净现值法知识体系	购房和租房的选择	复利思维
	二、住房贷款	住房贷款知识体系	住房贷款规划	
	三、购房规划	购房能力测算方法体系	购房能力测算	
第三节 金融思维助力财富管理——实物资产金融化	一、用金融思维看房产	房产投资知识体系	房产投资计划	杠杆思维
	二、投资型实物黄金	黄金投资知识体系	黄金投资渠道	

成长前情提要

大学四年很快就过去了，23岁这一年，李明毕业了，四年的学习让他收获了很多！李明有理工专业基础，在闲暇之余学习金融并进行实践后，他变得沉稳，变得事事有规划、件件有条理。所以，李明的求职过程很顺利，一毕业就入职了某国企电气公司，工作稳定，收入不错。

步入职场后，李明的人生就迎来了一个新阶段，李明也成了真正意义上独立的个体。他心里有几分忐忑：从此，真的要凡事靠自己了吗？没有了父母与学校的庇护，真的能把生活过成自己满意的样子吗？

李明躺在床上，心里默默地勾勒未来生活的蓝图。

"我要努力工作，好好挣钱！这样明年女友毕业后，我们才能有一定的物质基础去开启幸福人生。"

"虽然现在的工作不错，但也得居安思危，好好对自己未来的职业发展进行一番规划。这样当变化来临的时候，才能从容、自如。"

"或许还得考虑考虑未来结婚成家的事，这可不是一件简单的事，需要好好规划。"

……

太多的想法从李明的脑子里蹦出来，未来的生活让他兴奋着、忐忑着，同时也期待着。

第一节　收支结构及特征

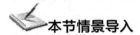

本节情景导入

大学毕业后的李明年收入 10 万元有余，这已经是非常不错的收入了，但在过去的这一年，他发现，虽然自己的收入能覆盖各项生活开支，但存款却一直不见长。李明认为，自己和大学时期一样对收支进行管理，但相较于学生时期，存钱似乎变成了更困难的一件事。而未来的三年到五年，对自己来说应该是人生中非常重要和关键的几年，不出意外，自己将会面临许多重大决策。因此，在这个阶段，财富管理变得更加重要。于是，随着女友程兰的毕业并步入职场，李明决定和女友一起对二人的收支情况进行一番梳理，从而为组建家庭奠定坚实的基础。

一、收入结构及特征

对于已经毕业步入社会的群体来说，个人收入是指包括工资、租金收入、股利股息及社会福利等各种途径所获得的收入总和。个人收入水平直接关系个人的消费能力，而个人消费能力直接关乎个人的消费需求能否得到满足。一般而言，常见的收入来源主要包含工资性收入[1]、财产性收入[2]、经营性收入[3]和其他收入[4]四类，如图 2-1 所示。

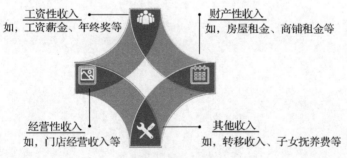

图 2-1　收入结构

毕业后的时期可分为两个阶段。第一个阶段为单身期，指从参加工作至结婚；第二个阶段为家庭形成期，指从结婚到新生儿诞生。调查显示，我国的居民收入来源中，工资性收入占绝对主导地位，大约占 70%，而这个比例对处于毕业初期的人群来说可能更高。由此可知，毕业初期的个人收入来源较为单一，多为工资性收入。

---

[1] 工资性收入，包括工资薪金、奖金、福利、佣金、劳务报酬、失业保险所得等。

[2] 财产性收入，是指通过资本等要素所产生的收入，包括家庭拥有的动产（如银行存款、有价证券）和不动产（如房屋、车辆、收藏品等）所获得的收入（如常见的投资收益、租金收入等）。

[3] 经营性收入，是指通过经常性的生产经营活动而取得的收益，如个体户门店经营收入等。

[4] 其他收入，如子女抚养费、转移性收入等。其中，转移性收入是指国家、单位、社会团体对居民家庭的各种转移支付，如专项抚恤金等。

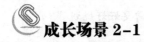

成长场景 2-1

创收第一步

　　李明找来女友程兰，决定一起梳理两人当前的收入来源及结构。不同于学生时期的是，这次的收入梳理不再单纯以李明的个人视角呈现，而是从李明和程兰两人的家庭视角出发。虽然二人目前还未正式组建家庭，但对于现在的他们来说，结婚已在计划之内。所以，为了能让今后的生活目标更具体、方向更明确，此项工作宜早不宜迟。

　　于是，二人开始清点自己近一年来的收入来源。李明经整理后发现：近一年以来，自己获得工资薪金收入每月 5 500～6 000 元（一年近 7 万元）；年终奖金 2 万元；工作之余偶尔从事专业相关的兼职每月可得 1 500～2 000 元；每年银行活期存款利息及基金投资收益 50～200 元；除此之外，获得来自家庭的生日祝福红包 1 000～2 000 元。程兰由于刚进入职场，还没有一个完整的统计周期，所以只能预估收入。根据劳动合同，程兰每月工资薪金收入 4 000 元（一年约 5 万元）。这样算来，两人一年的收入大约有 16 万元。

任务实训

➢ 梳理李明一年的收入来源，绘制收入饼状图。

➢ 请进一步对李明的收入来源进行评价。

李明经计算后发现，自己近一年的大部分收入都来自工资性收入。这让他有以下的思考。

首先，他认为，在对收入进行梳理的同时，有必要好好对自己未来的职业发展进行一番规划，因为这将直接关系到自己未来几年的收入。在过去一年的工作中，李明除了完成自己的分内之事，还时常与前辈和同事们交谈。他发现，不少与自己专业背景相似的前辈都在认真思考职业规划这件事。例如，思考从最初的实习生，到毕业一年后认定为助理工程师，再到四年后评定为中级工程师，以及后续评定为高级工程师，都需要哪些条件、完成哪些流程。如果能提前有所准备，这将对未来的职业发展非常有帮助。

在和同事的交谈中，李明还发现各级职称对应的月收入和年终奖存在较大差距。借此机会，李明第一次全面了解了评定中级工程师，不仅对每年的项目完成量有要求，对英语水平也要进行考核，并且项目获奖和发表论文都能加分。这就意味着想提升职称、增加收入，就必须时刻保持学习的状态。

其次，通过向资深前辈学习，李明还了解到项目工作中需用到的经验，大多来自现场的实践。若能参与从抽象设计到现场实施的全过程，必将打下有益于未来职业生涯的专业基础。而且，参加实践也符合公司评定中级职称到高级职称的标准——有 2～3 年的基层或分院经验。

最后，通过查阅相关资料，李明还梳理出，具备 3 年的专业经验可以参加很多国家级的专业资格考试，获得的证书除了能证明自己的能力，也有利于增加收入。

拓展任务实训

请结合李明的案例，梳理自己毕业后 1～3 年的职业发展规划。可以从以下几个方面思考和规划。

➤ 行业选择

➤ 平台选择

> ➢ 收入预期

> ➢ 职称发展

> ➢ 岗位晋升

> ➢ 专业储备

二、支出结构及特征

对于已经毕业步入社会的青年群体来说，支出可从两个维度来分类。

一种是将个人或家庭的日常支出分为经常性支出和非经常性支出两类。经常性支出主要是指发生频率相对固定，需要定期支付的费用，如住房按揭贷款、物业管理费、通信费、交通费、商业保险支出、纳税支出、子女教育费用等。非经常性支出主要是指不定期的费用支出，如旅游支出、家用电器支出、各类意外支出等。

另一种是根据支出在个人或家庭生活中的必要性，将其分为基本消费支出和额外生活支出。基本消费支出是在日常生活中用于衣、食、住、行等方面的支出，一般属于必要支出，发生频率相对较高，在一段时期内金额比较固定。额外生活支出[①]是可支出、可不支出的费用，可以通过支出预算来控制，在家庭支出管理中值得重点关注。

 成长场景 2-2

如何节流

李明现在要统计自己和女友每年的支出情况，这个过程看似简单，但与学生时期不同的是，学生时期的支出大多是固定且刚性的，而步入职场后，有些支出每天都会发生，有些支出只按月发生，有些支出只是偶尔出现。因此，李明决定先按照支出发生的频率对自己和女友的支出进行归类，他回忆二人近一年来的所有支出，得到以下信息。

每个工作日每人三餐花费约 50 元，通勤花费约 20 元，假设每月按 21 个工作日计算，则一年两人共支出约 35 000 元。

每个月两人通信费共约 150 元，物业费 180 元，水电气费约 200 元，个人护理、日用品支出共约 500 元，社交花费约 2 000 元，周末及节假日的娱乐和生活支出 800 元，则一年共支出约 46 000 元；另外，按照在大学时期学到的财富管理理念，其每月会将 800～1 000 元投入不同种类的基金，这笔投资性支出每年约 10 800 元。

每季度房租 7 500 元，运动健身 1 000 元，个人衣物购置 1 500 元，则一年共计支出约 40 000 元。

除此之外，每年还会不定期发生一些其他开支，主要包括：份子钱 3 000～6 000 元，旅游 5 000～6 000 元，电子产品换新 7 000～10 000 元，生病就医 300～500 元。年总计其他开支约 18 900 元。

任务实训

➢ 梳理李明家庭一年的支出类别，绘制支出饼状图。

➢ 请从开支的必要性角度出发对李明的支出安排进行评价。

[①] 对不同的家庭来说，额外生活支出的项目是有差异的。例如，网络费对于一些自由职业者来说是必要的，服装费对于电视台主持人来说是必要的。所以，在划分支出种类时，可根据不同家庭情况进行个性化调整。

李明经估算后发现自己及女友每年的开支在 15 万元左右，收入基本可负担，但偶尔也会觉得生活吃紧，为什么会有这种感觉呢？

经过仔细思考后，李明发现：原来并不是所有的收入都属于实际可支配收入，如自己和女友的工资薪金收入中，有一部分是社保和公积金；其他兼职收入、红包收入不是定期定额产生的。因此，每年真正稳定的并可由两人自由支配的收入不一定能支撑当前的消费水平，再加上在未来组建家庭后，支出会更加多样化，所以，收支管理势在必行。

拓展任务实训

➤ 请结合李明的案例，梳理自己目前的支出记录。

➤ 请结合自己目前每月的支出记录，分类梳理支出账单。

➤ 请基于分类账单，总结自己每月的必要开支和非必要开支。

三、收支管理

收支管理的核心始终是通过多角度分析收入和支出，从而根据分析结果优化收支结构。

对于大部分初入社会的青年群体来说，一方面，在收入端可通过做好职业规划、合理利用金融工具等手段进行开源；另一方面，"以收定支"的基本原则在此阶段也同样适用，即在收入上涨空间有限的情况下，想要有结余，可靠控制开支来实现。通过对开支的分析，梳理出自己生活中必要开支和非必要开支的项目和金额，进而总结出哪些是完全没有必要花费的钱、哪些是可花可不花的钱——这些都是可以压缩的开支。

另外，由于在家庭形成的初期将面临较多的支出，提前根据家庭情况制订计划、设置阶段性储蓄目标，也是增加储蓄的有力手段。

专栏阅读

小钱会"长大"

　　我们不要忽视小钱的力量，很多时候我们花的小钱看起来不痛不痒，但日积月累将会变成很大一笔财富，小钱终有一天也会"长大"。

　　耳熟能详的"拿铁理论"告诉我们：每天喝一杯30元的拿铁，一年就要花掉10 950元，20年下来就是219 000元。因此，上班族想要"有钱"，第一步就是为自己存钱。记账可以帮助我们找出生活中的"拿铁因子"，让我们用简单的方式变"有钱"。

 成长场景 2-3

综合收支管理

　　李明按照上述收支管理的方法，针对自己和女友程兰每年的支出进行了详细的梳理。经分析后发现以下事项。

　　首先，在必要支出中，部分支出可缩减。例如，目前两人的一日三餐都是堂食或点外卖，而如果每日减少一次堂食或点外卖，每日则将节省30~40元，一年就可节省12 000余元。

　　其次，在非必要支出中，有些支出并未产生应有的效益。例如，每月2 000元的社交花费中，至少有1 000元为无效社交支出；周末及节假日的娱乐和生活支出也可压缩至500元以内。在健身房办了卡，然而每月去的次数非常有限。因此这部分支出可通过将按季度办理健身卡的方式改成按次消费，从而减少开支600元左右。

　　再次，在电子产品换新上的费用也是可以压缩的，那么7 000~10 000元的支出，至少可以节省一半。

　　最后，一年5 000~6 000元的旅游支出目前来看也不是必需的，为了实现家庭建设更长远的计划，二人决定将其压缩至少一半。

　　如此一来，在非必要开支上，一年实则有25 000元左右的压缩空间。

　　于是，如同大学时期一样，通过对每年收入和支出的梳理，李明和女友程兰制定了详细的收支管理策略，并严格实施，每年总共可增加现金结余约37 000元。二人将增加的这部分现金结余少量放在银行，剩下的大部分都投入不同种类的基金。另外，按照在学生时期学到的财富管理理念，随着手中现金结余的增加，二人还购买了部分原先达不到购买门槛的银行理财产品。

　　一切都按计划进行着，二人一心朝着共同的目标奔去，日子过得有条不紊。

拓展任务实训

　　请基于上一拓展任务实训中所梳理的支出记录和分类账单，进一步分析自己每月开支是否有可压缩的空间。

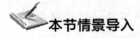

第二节 财富管理方案：住房规划 ↓

本节情景导入

毕业后的第三年，李明和程兰顺利地结婚了，在朋友和家人的祝福下，二人不仅完成了第一个目标——正式组建小家庭，还使家庭账户中的资产数额接近 15 万元，这让夫妻二人非常有成就感。除了喜悦，二人也意识到婚姻带来的家庭责任——他们需要开始为家庭做更多、更长远的打算了。当下，二人面临的第一个选择就是要不要在这个城市买一套房子。之所以会有这样的考虑，是因为二人在之前对支出进行梳理的时候发现，租房支出每年不少，而随着家庭的成长，有一个固定的住所显得更加重要。但买房是一笔不小的支出，自己的家庭现在具备买房的能力吗？即便具备，现阶段买房是一个比租房更明智的决定吗？李明纠结着、犹豫着，他找来妻子，二人决定对家庭未来的住房规划好好谋划一番……

一、购房与租房的决策方法

影响个人购房或租房的因素有很多，如个人的心理偏好、工作性质、经济能力、对未来房价的预期等。与个人主观因素相关的判断很难统一，但作为市场中的理性经济人[1]，我们可以用以下两种方法来帮助自己做出购房或租房的决策。

（一）年成本法

年成本法是指通过比较购房与租房的年成本，选择成本较小方式的一种决策方法。购房的年成本主要包括住房占款[2]机会成本[3]、房屋贷款的利息成本、税费和维修费用成本。由于房价每年的涨幅可抵消部分成本，所以购房年成本用公式表示可写成：

$$购房年成本=住房占款×存款利率+贷款余额×贷款利率$$
$$+年均维修成本及税费-房价年涨幅$$

租房的年成本主要体现在租金和押金占款的机会成本上，计算公式可写成：

$$租房年成本=房屋押金×存款利率+年租金$$

通常情况下，购房的总价是固定的，如果贷款利率不变，则随着每年还款的增加，贷款余额逐渐减少，购房年成本会逐渐降低。如果将来房租不断上涨，则租房年成本会逐年上升。因此，居住时间的长短将是影响决策的一个重要因素。

（二）净现值法

这里的净现值法是在一个固定的居住区间内，将因租房和购房发生的现金流量（即成本）折现，比较两者现值的一种决策方法，现值较高者更合算。净现值的计算公式为：

---

① 理性经济人是一个经济学术语，它假定人始终是理性且自利的，并以最优方式追求自己的主观目标，个体完全依照收益最大化原则进行行动和决策。

② 住房占款不是首付款，而是包括每年因购房已经占用的全部自有资金总额。用公式可表示为：住房占款=首付款+截至当年已还贷本金。住房占款每年随本金偿还增加而逐年增加。

③ 机会成本原指企业为从事某项经营活动而放弃另一项经营活动的机会，或利用一定资源获得某种收入时所放弃的另一种收入。在这里可理解为因购房占用的自有资金原本可以有其他投资用途，可带来收益，所以具有机会成本。

$$NPV = \sum_{t=0}^{n} \frac{CF_t}{(1+i)^t}$$

其中，NPV 为净现值[①]，t 为年数，CF_t 为各年净现金流，i 为折现率[②]。

通常情况下，购房产生的现金流包括首付款及每期贷款偿还、税费及维修支出等；租房的现金流包括押金、每期的租金等。

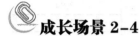

成长场景 2-4

购房还是租房

对于购房还是租房，李明知道，不管使用上述的哪种方法来帮自己做判断，都需要先对自己目前阶段对房屋需求的基本情况和市场当前的存贷款利率水平等信息加以了解。于是，基于年成本法，李明对计算购房和租房年成本所需的信息进行了梳理。

首先，李明认为现阶段的自己和家庭，对房屋的需求并不高。以自己目前和妻子租住的这套两居室为例，面积 70 平方米，每月租金 3 000 元，押金 1 万元，交通、生活等相对比较便利，完全能满足自己和妻子二人的居住需求。所以，如果要购房，打算在同小区购置一套同类二手房。经过打听，李明了解到同类二手房的出售价格为大约 80 万元，此外，还需要缴纳较多的税费和支付维修费，这些费用如果按年平摊，大约为每年 5 000 元。另外，附近片区的房价每年按照约 100 元/平方米的幅度上涨，房租每年也会上涨 500 元左右。所以，无论是购房成本还是租房成本，都不会是一成不变的，还需要结合自己的居住年限综合考虑。

其次，关于市场当前的存贷款利率，经过思考，李明发现，公式中的存贷款利率实则是要用来计算住房占款和押金的机会成本，以及贷款的利息成本的。而对于自己来说，由于日常自己并不是只单纯地把钱存放在银行，而是做了一些理财投资，所以，在计算机会成本时，需要用自己做理财投资的收益率代替公式中的存款利率。经过计算，过去几年自己的年投资收益率约为 4%，而当前市场上的贷款利率大约是 6%。

有了以上信息，李明便开始利用年成本法来帮助自己进行决策。

第一步，计算购房年成本。李明了解到，目前银行对首套房的贷款上限是房屋总价的 70%，也就是说，自己至少要支付房屋总价的三成作为首付，即 24 万元。那么，李明就需要向银行贷款 56 万元。假设自己贷款 15 年，平均每年就需要偿还本金约 3.73 万元，所以住房占款每年将增加 3.73 万元，而贷款余额每年会减少 3.73 万元。因此：第一年的购房年成本=24（第一年住房占款）×4%（李明的投资收益率）+56（第一年贷款余额）×6%（房贷利率）+0.5（税费及维修费）-0.7（房价每年涨幅）=4.12（万元），以后年份以此类推。

第二步，计算租房年成本。第一年的租房年成本=1（押金）×4%（李明的投资收益率）+0.3×12（年租金）=3.64（万元）。按照这个方法，加上之后房租每年上涨 500 元，得到结果。

最后，李明将计算结果填入表 2-2 中并加以对比，结果发现，在前 4 年，租房成本较低，但从第 5 年起，购房成本就低于租房成本。自己与妻子虽然事业刚起步，但工作都相对稳定，已经打算长期在这个城市定居了，所以，买房确实是一个值得考虑的选择。

---

① 净现值指未来资金（现金）流入（收入）现值与未来资金（现金）流出（支出）现值的差额，是项目评估中净现值法的基本指标。

② 折现率是特定条件下的收益率，是指将未来有限期预期收益折算成现值的比率。

表 2-2　购房与租房的年成本比较

年数	住房占款/万元	贷款余额/万元	购房年成本/万元	年租金/万元	租房年成本/万元
1	24.00	56.00	4.12	3.60	3.64
2	27.73	52.27	4.05	3.65	3.69
3	31.46	48.54	3.97	3.70	3.74
4	35.19	44.81	3.90	3.75	3.79
5	38.92	41.08	3.82	3.80	3.84
6	42.65	37.35	3.75	3.85	3.89
7	46.38	33.62	3.67	3.90	3.94
8	50.11	29.89	3.60	3.95	3.99
9	53.84	26.16	3.52	4.00	4.04
10	57.57	22.43	3.45	4.05	4.09
11	61.30	18.70	3.37	4.10	4.14
12	65.03	14.97	3.30	4.15	4.19
13	68.76	11.24	3.22	4.20	4.24
14	72.49	7.51	3.15	4.25	4.29
15	76.22	3.78	3.08	4.30	4.34

任务实训

➤ 请用净现值法帮助李明进行购房与租房的决策。

拓展任务实训

➤ 你认为年成本法和净现值法的区别是什么？在使用时各自的注意事项有什么？

> ➤ 年成本法和净现值法从计算结果上来看一样吗？

专栏阅读

如何选择租房或购房

　　购房或租房的具体决策，涉及拥有自己房产的心理效用与对未来房价的预期，并且与个人偏好、个人的财务状况等因素息息相关。购房者可期待房地产增值的利益，而租房者只能期待房租不要频繁上涨。即使是同一个标的物可租可售时，不同的人也可能会在租房与购房之间做出不同的选择。

　　所以，除了通过年成本法和净现值法来帮助我们做决策，通常还需要从租房和购房对自己的适用性角度来进行分析。例如，在传统观念中，购置属于自己的住房会带来一种安全感和归属感，但对于工作流动性大，需要常年出差或经常调动的人来说，购房带来的归属感实则并不能实现。在这种情况下，即使购房的年成本相对租房更低，也未必就是最好的选择。

拓展任务实训

> ➤ 预测自己毕业 3～5 年的工作和生活状态，以及对房屋的需求情况。

> ➤ 梳理购房与租房各自的优缺点，根据自己的实际情况做出购房或租房的决策。

二、住房贷款

（一）住房贷款方式

目前，住房贷款的方式主要包括住房公积金贷款、商业贷款和组合贷款三种。

住房公积金贷款是指由各地住房公积金管理中心运用职工以其所在单位所缴纳的住房公积金[①]，委托商业银行向缴存住房公积金的在职职工和在职期间缴存住房公积金的离退休职工发放的房屋抵押贷款。一般情况下，公积金贷款利率要低于同期商业银行贷款利率，具有政策补贴性质。我国各地对住房公积金贷款的申请条件、申请额度和贷款期限都有相应规定[②]。

商业贷款是指购房者以所购房屋作为抵押品而从商业银行获得贷款，购房者按照购房借款合同中规定的偿还方式和期限分期付款给银行，银行按一定的利率收取利息。如果贷款者违约，银行有权行使抵押权或收回房屋。

组合贷款是指既符合住房商业贷款条件，同时又缴存住房公积金的借款人，在办理住房商业贷款的同时还可以申请住房公积金贷款。一般情况下，当住房公积金贷款不足以支付购房款时，大家可以向受委托办理公积金贷款的银行申请组合贷款。

（二）住房贷款偿还方式

住房贷款偿还方式有许多，常见的包括等额本金还款法和等额本息还款法。

等额本金还款法是指借款人将贷款额平均分摊到整个还款期内每期（月）归还，同时付清上一交易日至本次还款日间的贷款利息。每期（月）等额偿还贷款本金，利息随本金逐期（月）递减。

等额本息还款法是指在还款期内，借款人每期（月）按相等的金额偿还贷款本金和利息，其中每期（月）贷款利息按期（月）初剩余贷款本金计算并逐期（月）结清。

---

① 住房公积金是指国家机关、国有企业、城镇集体企业、外商投资企业、城镇私营企业及其他城镇企业、事业单位及其在职职工缴存的长期住房储金。职工缴存的住房公积金和职工所在单位为职工缴存的住房公积金，是职工按照规定储存起来的专项用于住房消费支出的个人储金，属于职工个人所有。职工离职退休时本息余额一次偿付，退还给职工本人。

② 地区不同，公积金贷款的政策可能有所差异。具体可在当地住房公积金管理中心进行查询。

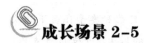

成长场景 2-5

住房贷款规划

李明在此之前完全不知道住房贷款方式和贷款的偿还方式还有这么多选择。既然决定了要买房，那么关于贷款问题也着实需要好好规划一番了。

首先是贷款方式的选择。住房公积金贷款利率要低于同期商业贷款利率，那么住房公积金贷款肯定是首选。但自己和妻子目前总共能通过住房公积金贷款贷到多少钱呢？是否能覆盖自己所需贷款的全部数额呢？李明打开了自己工作所在地的住房公积金管理中心网站进行查询。通过查询，李明了解该地区对住房公积金贷款额度有如下相关规定。

（1）贷款总额不高于按照个人住房公积金缴存情况计算的贷款额度。计算公式为：账户余额×6+月缴存额[①]×到退休年龄月数。

（2）贷款总额不高于个人住房公积金贷款最高额度。一人申请个人住房公积金贷款，最高额度为 40 万元；两人或以上购买同一套自住住房共同申请个人住房公积金贷款，最高额度为 70 万元。

（3）家庭名下在本市无住房且无住房贷款记录的，因购买普通商品房申请住房公积金贷款时执行购房首付款比例最低 30% 的规定。

最终贷款额度取以上三点规定的最低值。

看到这，李明便动手计算起来。

（1）自己与妻子名下的公积金账户当前余额分别有 40 000 元和 20 000 元，两人的月缴存金额分别为 1 200 元和 800 元。自己今年 26 岁，妻子 25 岁，离退休年龄分别差 34 年和 25 年（如妻子不为干部）[②]。因此，按照个人住房公积金缴存情况计算的贷款额度，李明最高可贷金额=40 000×6+1 200×34×12=729 600（元），妻子最高可贷金额=20 000×6+800×25×12=360 000（元）。

（2）自己和妻子共同申请同一套自住房的住房公积金贷款，最高额度 70 万元。

（3）如果按照之前所考虑的目标房源，需执行最低 30% 的首付比例，因此贷款金额=80×（1−30%）=56（万元）。

如此看来，自己所需的 56 万元贷款额度完全在当地规定的住房公积金最高贷款额度范围内，因此，不必再考虑商业贷款或组合贷款。

拓展任务实训

查阅你意向工作城市的住房公积金贷款相关政策规定，计算并预测自己毕业工作 3～5 年的住房公积金最高贷款额度。

---

① 月缴存额包括单位缴存和职工自愿缴存的合计数。
② 假设李明 60 岁退休，妻子 50 岁退休。

在确定了贷款方式后，便涉及对贷款偿还方式的选择。李明认为，自己和妻子在当下的收入水平虽不算高，但两个人的日常生活开销也不算大。考虑到随着年龄的增大，子女教育支出、医疗支出、养老支出等会越来越多，所以李明希望能在年轻的时候尽可能早地还清贷款，与妻子商量后，便将还贷期限确定为 10 年。

在这个基础上，就需要对等额本金还款法和等额本息还款法两种偿还方式加以比较。这两种方式到底在实际中有什么区别？借助房贷计算器，李明做了如下计算。

如果采用等额本金还款法，56 万元的贷款，10 年还清，使用住房公积金贷款，利率 3.25%，则首月需要还款 6 183 元，每月还款金额逐年降低，最后一个月还款金额降低至 4 679 元，总共需要支付利息 91 758 元。如果采用等额本息还款法，则每月还贷金额保持不变，均为 5 472 元，总共需要支付利息 96 672 元。如此看来，采用等额本金还款法要比采用等额本息还款法少支付不少的利息，不失为一个好的选择。虽然前期还款压力较大，但李明大致算了一下，自己跟妻子每月的收入大约 14 000 元，平时的花销再节省一点，承担这笔贷款也是可以的，何况还款金额还是逐月递减的。于是，在两种偿还方式中，李明最终选择了等额本金还款法。

专栏阅读

不要让自己成为新一代"房奴"

"房奴"一词是教育部 2007 年 8 月公布的 171 个汉语新词之一。"房奴"意为房屋的奴隶，是指城镇居民抵押贷款购房，在生命黄金时期的 20 到 30 年，每年用占可支配收入的 40%～50% 甚至更高的比例偿还贷款本息，从而造成居民家庭生活的长期压力，影响正常消费，如影响教育支出、医药费支出和赡养老人等，使家庭生活质量下降，甚至让人感到奴役般的压抑。

如今，"房奴"成为社会关注热点，大家逐渐意识到这种因买房而带来的影响家庭生活正常品质的行为并不值得提倡。要避免成为"房奴"，除了要将房屋首付款、房屋贷款数额控制在自己的可承受范围内，也要关注贷款期限。在同样的收入水平下，面临相同的贷款金额，10 年期贷款比 20 年期贷款对正常生活品质的影响大，虽然贷款期限的缩短可以降低贷款成本，但是否要为了降低这种可以被货币时间价值[①]稀释的贷款成本而放弃生活品质，是一个需要好好思考的问题。

所以，在具体选择贷款数额和贷款期限的时候，既要考虑自身的财务能力，同时还要遵循一定的理财原则，从而保有家庭生活应有的品质。例如，房屋每月还款占借款人税前月收入的比例一般应控制在 25%～30%。按照国际通行的看法，月收入的 1/3 是房贷按揭的一条警戒线，越过此警戒线，将出现较大的还贷风险，并可能影响生活质量。又如，房屋每月还款加上其他 10 个月以上贷款的每月还款总额占借款人税前月收入的比例一般应控制在 33%～38%。

① 货币时间价值是指当前所持有的一定量货币比未来获得的等量货币具有更高的价值。

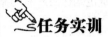**任务实训**

　　请对李明的住房贷款规划进行评价，并给予建议。

三、购房规划

　　对于已决定购房的家庭或个人来说，如何实现购房目标是购房规划的关键。购房规划的核心就是对购房者支付能力的测算。

　　对购房者支付能力的测算通常有两种思路。一种思路是先根据个人或家庭的收入水平测算出对房屋的购买能力，根据购买能力确定能负担的房产价格上限，再基于此价格上限选择合适的房产，这种方法叫作年收入测算法。另一种思路是先确定个人或家庭的目标房源，然后分析如何设置个人或家庭的储蓄计划以实现购房目标，这种方法叫作目标定位法。

（一）年收入测算法

　　年收入测算法一般遵循以下步骤。

　　第一步，估算可负担的房屋总价。房屋总价由购房首付款和房屋贷款组成。其中，可负担的购房首付款可表示为当前可用于购房的金融资产的投资终值及购房前每年储蓄中可用于购房金额的投资终值之和[1]。可负担的房屋贷款可表示为将购房后每年可用于还贷的储蓄按照房贷利率进行折现后的加总[2]。

　　第二步，估算可负担的房屋单价。根据个人或家庭对房屋面积的实际需求，即可计算出可负担的房屋单价[3]。

　　第三步，购房目标的确定。确定了可负担的房屋单价后，即可据此选择在自己收入负担范围内的房屋。

（二）目标定位法

　　目标定位法的思路大致如下。

　　第一步，确定欲购买房屋的总价，并计算出购买目标房屋所需的最低首付款和需承担的贷款金额。

　　第二步，筹划首付款目标如何实现——确定购房前应有的储蓄率。

---

　　[1]　用公式可表示为：可负担的购房首付款=当前可用于购房的金融资产的投资终值+购房前每年储蓄中可用于购房金额的投资终值。具体计算可以通过 Excel 财务函数进行，有兴趣的同学可自学，本书不赘述。

　　[2]　在收入每年上涨的情况下，每年可用于还贷的储蓄金额也随之改变，加上对收入上涨的预估不一定准确，因此，实际计算中可采用相对保守的估计方法，即按照当前收入水平和储蓄率估算整个还贷期限的年均贷款负担能力。具体计算同样可以通过 Excel 财务函数进行。

　　[3]　可负担的房屋单价=可负担的房屋总价÷需求房屋面积。

第三步，筹划还贷目标如何实现——结合具体的还贷方式和贷款期限，确定购房后应有的储蓄率。

成长场景 2-6

购房能力有多大

按照李明最初的想法，自己想要买的房子总价约 80 万元。根据当地的住房公积金贷款政策，自己与妻子购买这样价位的房屋最多只能获得 56 万元的贷款，也就是说，至少需要准备首付款 24 万元。然而，李明与妻子刚组建起自己的小家庭，账户上的资金总共只有 15 万元左右，完全不够首付款的支付。这可让李明犯了难。

在经过了反复的考虑后，李明与妻子决定退而求其次。既然自己目前还没有能力购置这样价位的房子，那么不妨考虑换种思路——先盘算家底，再适当放宽买房的期限，看看能承担起什么价位的房子，再根据自己的能力去选房。说罢，李明和妻子便一起盘算起来。

李明今年 26 岁，妻子 25 岁，二人计划在 28 岁之前生小孩，所以买房的事情最迟要在 2 年内解决，贷款至多 10 年。目前，家庭可拿出 10 万元用于 2 年后购房。自己和妻子目前的年收入共计约 20 万元，支出 10 万元，年储蓄中有 70% 可用于购房。住房公积金贷款利率 3.25%，自己此前做投资理财的年投资收益约 4%。那么，按照年收入测算法，自己要进行可负担房屋总价的计算。

按照步骤，借助 Excel 的财务函数计算功能，李明先计算当前可用于购房的金融资产的投资终值，列式如下：$100\,000 \times (F/P, 4\%, 2) = 108\,160$（元）。接着，李明计算购房前每年储蓄中可用于购房金额的投资终值，列式如下：$70\,000 \times (F/A, 4\%, 2) = 142\,800$（元）。因此，2 年后，自己能承担的购房首付款大约为 250 960 元。

接着，李明要计算自己可负担的贷款总额。假设自己在未来 10 年的收入、支出和储蓄都不改变，列式如下：$70\,000 \times (P/A, 3.25\%, 10) = 589\,568$（元）。

如此看来，自己在 2 年后购房的时候，能承担的房屋总价大约为 84 万元，刚好实现目前达不到的目标。

"太好了！2 年后，我们就能实现自己的购房目标啦！"李明开心地对妻子程兰说。

"是呀！就算那时候暂时没有找到像我们现在住的这样的房子，我们也能够去找其他能负担得起的房，哈哈。我们现在就可以开始看房啦，2 年的时间可是很快就过了呢！"妻子回答道。

二人脸上洋溢着开心的笑容。

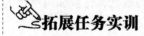

拓展任务实训

选择一套目前市场上真实存在的意向房源，并为自己制订详细的筹资计划。

第三节　金融思维助力财富管理——实物资产金融化

本节情景导入

两年时间很快就过去了，李明跟程兰如期实现了买房的目标。两年时间里，李明也被评为了中级工程师，每月收入虽然相较之前上涨不算太多，但让夫妻二人每月的房贷压力减轻了不少。然而，李明并没有为此而感到放松，因为他意识到，在家庭建立之初，每月除了房贷这笔较大支出，后期可能还有不少大额消费，如买车、妻子怀孕、小孩出生乃至今后上学等。所以，李明越发谨慎，他希望花出去的每一分钱都能为家庭的建设贡献长远力量，而非只是短期享乐。而当前，在家庭建立初期，他们又面临着大量家庭建设支出的需求——装修、家具家电购买等。这些已经花出去或将要花出去的钱是否真正值当，这是个需要李明好好思考的问题。李明深知，家庭配置实物资产，一定是因为看重这些实物资产的使用价值，但通常实物会随着使用磨损、折旧，很难再保有最初的那份价值。那么，越需要花大价钱购进的实物资产，是不是越不值当呢？

一、用金融思维看房产

对于大多数人来说，通常只能看到房子的使用性，看不到房子的金融属性。为什么房子具有金融属性，我们可以用金融思维来对其进行解读。金融思维包括三大逻辑：增长思维[1]、杠杆思维[2]和对冲思维[3]。增长思维是大多数人已经具备的，对冲思维以一定数量的资金为基础，而杠杆思维则是大部分对购房这件事有所犹豫的人所缺少的。因此，下面主要从杠杆思维的角度出发，来解释房子的金融属性。

（一）房产的保值或增值属性

大部分购房者都无力全款支付购房款，这时就会涉及房屋贷款。无论是何种方式的贷款，住房公积金贷款、商业贷款或组合贷款，其本质都是将较高的房屋价格分摊到每个月进行偿付。看起来这好像就是普通的"欠钱还债"机制，但就是因为这个机制，房产有了金融属性。

举个例子，一套价值 100 万元的房子，购房者可以通过只支付三成的首付款而购得。若房价从 100 万元上涨到 110 万元，对购房者来说，这便是一个非常大的套利空间。虽然后期还涉及贷款的偿还，但较高的房款分摊到每个月，这些分期支付的房款折现后的成本，一般也不会超过房价上涨的空间。从这个角度来说，拥有一套房产就相当于有了保值或增值的工具，这便是房产的保值或增值属性[4]。

---

[1] 用增长思维来看，房产有一个增长预期。在我国经济的高速增长时代，房地产作为金融蓄水池，存在增长预期。随着经济增长放缓，房地产市场会出现分化，房产的保值或增值属性更多会在一线城市房产上体现。

[2] 杠杆思维的核心包括两样东西，一个是支点，另一个是足够长的杆。在房产投资中，贷款就是一根超长杠杆，它能帮购房者撬动本无能力支付的巨额房款。

[3] 对冲思维可理解成：任何投资都是有风险的，因此我们需要通过资产组合对风险进行分散。房产投资也一样，在投资房产的同时，我们需要投资其他金融工具，以达到投资收益的稳健上升。

[4] 一线城市的房产，此特征明显。

（二）房产的抵押属性

房产的第二个金融属性体现为它可以抵押。已经付清所有房款的房子可以作为抵押品向银行申请贷款，进而盘活资金。抵押贷款时，若房价相较之前有所上涨，增值的部分也可以由此进行套现，从而继续放大投资。

因此，房产作为金融资产，可以像雪球那样越滚越大。从这个意义上说，一套房产就从一个具有纯使用性质的实物资产变成了可套利的金融资产。

专栏阅读

杠杆思维——帮你找到时间的杠杆

杠杆原理在生活中随处可见。在金融市场上，个人买房、企业经营都会利用杠杆。金融机构干的就是提供杠杆的事。

按照物理学的解释，在力的作用下，能够绕着固定点转动的一个机械，如硬棒，就是杠杆。人类为什么要使用这种装置？用阿基米德的话来解释：给我一根足够长的杠杆和一个支点，我就能撬起整个地球。

所以，对于人类社会来说，杠杆的本质就是放大效用，用小的力量撬动大的力量。在金融领域，杠杆就是用少量资金撬动大量资金。企业贷款、个人房贷，都是利用这样的放大效应，用小资金撬动大项目，获得资产更快速度和更大幅度增长的机会。需要注意的是，这种放大效应有两个特征。第一，它是不分方向的，收益可以被放大，损失也可以被放大。杠杆用得越激进，这种放大效应就越强烈。第二，放大效应的最终结果，取决于资金使用的地方。如果资金被配置在一个低效的或者错误的地方，那么这种放大效应就容易形成泡沫。如果有大规模的资金配置错误，就可能造成全局性的崩盘。

所以，杠杆思维又具体包含两种特别重要的思维模式：一种叫借力思维，另一种叫硬核思维。借力思维的核心在于找到合适的杠杆。所谓合适，一是要适合自己，二是要在合适的时间节点。

除了借力，杠杆原理中还有一个核心词是支点。如果没有支点，多长的杠杆都无济于事，如果支点不是实实在在的，而是虚的，那更麻烦，因为它会导致短期内虚幻的放大效应。换句话说，杠杆要在正确的方向上起作用，硬核是一个必要条件。这点在金融市场上非常好理解。企业负债经营，如果资金投入优秀项目，杠杆经营就会放大收益，否则很有可能拖累企业。如果整个市场的金融杠杆缺乏实体经济和项目的内核，就是所谓的资金空转。杠杆越长，导致的收益泡沫就越大，然后市场就会陷入击鼓传花的恶性循环，最后崩塌。

这几十年来的金融危机，如 1997 年的亚洲金融危机、2008 年美国次贷危机，本质上都是债务危机，就是因为缺乏实体经济的支持，杠杆被无限度地放大。这也就是诺贝尔经济学奖得主罗伯特·席勒先生说的：好金融，坏金融，它们之间的区别在哪里？就是金融的杠杆效用是不是有好的项目、好的实体经济、好的核心的支持。所以，我国政府一直强调，不允许资金空转，金融要服务实体，就是说金融杠杆要有硬核作为支持。

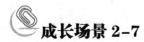

成长场景 2-7

房产投资计划

学完用金融思维看房产之后，李明醍醐灌顶，原来房子并不只是实物资产，还具有如此显著的金融属性。那么，自己此前购房的选择岂不是既能解决家庭的居住问题，又可以作为一种投资理财的新思路。

说罢，李明便找来妻子，向妻子讲述了自己获得的新启发。于是，二人盘算着，既然房子可以作为一种能够保值甚至增值的金融资产，那么今后若保持对房产的长期持有，是不是一件稳赢的事呢？如果是，那么以后将闲置资金投入房产不就可以致富了嘛！

李明越想越兴奋，其实在此之前，二人在做购房规划的时候，有考虑到日后的换房需求，原本打算今后有能力了，将这套小户型卖掉换套面积大的三居室，但现在看来，如果在经济实力允许的范围内，一直持有这套小户型赚取收益也不错。这样一来，原先的购房计划中就需要增加一个问题，就是当日后打算将这套房子由自住型房产变为投资型房产时，其难易程度如何。因为在夫妻二人原本的规划中，房屋价格是他们首要关注的要素，在他们看来，只要价格在自己的承受范围内，其他条件都可以让步。因为他们知道这套房子自己并不会长住，所以，就没必要在这种反正都是要卖的东西上太过挑别。而现在，李明和妻子意识到，既然打算对这套房子长期持有并从中赚取收益，就必须要关注其在未来能否具备相应的投资价值。

关于房子的投资价值，李明认为，房子的投资收益主要来源于出租获得的租金收入或出售获得的转让差价收入。这两种途径产生的收益都与房屋所处的地段、周围环境、交通等因素有关，因此需要将这些因素纳入现阶段所要考虑的问题中来。

不过随着了解得越多，李明发现随着房地产行业的发展，通过投资房产来实现增值所需要考虑的风险因素越来越多……

任务实训

➢ 你觉得投资房产能稳赢吗？为什么？

➢ 结合上面的思考，你认为李明在房产投资规划中需要注意哪些问题？请给予适当的建议。

拓展任务实训

➢ 作为当今家庭的另一常备实物资产——车，其是否具备金融属性？

➢ 你认为应当先买房还是先买车？为什么？

二、投资型实物黄金

（一）黄金的投资属性

黄金历史悠久，是人类较早发现和利用的金属。黄金作为一种贵金属，常被称作"金属之王"，地位显赫，具有其他贵金属无法比拟的优势。

随着社会的不断发展与进步，黄金被赋予了三个基本属性：商品属性、投资属性和货币属性。商品属性是基于黄金本身的物理性质存在的，黄金作为贵金属本身具有一定的使用价值和价值，故能成为商品。货币属性是建立在其作为商品本身有价值，且具有易分割、便于携带等特征的基础上的。历史上，黄金被绝大多数国家作为法定货币使用，具有价值尺度、流通手段、储藏手段、支付手段和世界货币的职能。

投资属性则是建立在黄金作为实物资产的金融属性的基础上的。长久以来，黄金一直都是一种投资工具，它价值稳定，且是一种独立的资源，不受限于任何国家或贸易市场，与公司或政府也没有牵连。因此，投资者投资黄金通常可以避免经济环境中可能发生的风险，黄金是一种保值增值的有效工具。

（二）黄金的投资品种

目前市场上适合个人投资者的黄金投资品种大致包括实物黄金投资、纸黄金投资、黄金股票投资等。本节所说的投资型实物黄金即实物黄金投资。实物黄金投资包括金条、金币、金饰品。

金条即条状形或块状形的黄金，因此，金条有时也称为金块。大型的金条，又称为金砖。金条本身并不涉及特别高的铸工和设计费用，是黄金投资品种中十分稳健的黄金商品。

金币，是黄金铸币的简称，有广义和狭义之分。广义的金币泛指所有在商品流通中专作货币使用的黄金铸件，如金锭、金元宝等；狭义的金币是指经过国家证明，以黄金作为货币的基材，按规定成色和重量，浇铸成一定的规格和形状，并标明货币面值的铸金币。

金饰品也有广义和狭义之分。广义的金饰品泛指不论黄金成色，含有黄金成分的装饰品，如金杯、奖牌等，均可列入金饰品的范畴。狭义的金饰品专指成色不低于一定标准的黄金材料加工而成的装饰物。

成长场景 2-8

黄金投资怎么做

其实，李明对"黄金投资"这一概念并不陌生。早在大学时期，最初接触金融工具的时候，李明就知道了黄金的投资价值。而在平时的生活中，李明更是接触不少，尤其是 2013 年的黄金大跌事件[①]，在李明心中埋下了投资黄金的种子。此前，李明只是将黄金作为一个与其他投资对象并无二致的投资品种，而在学完了这节后，李明发现，实物黄金确实有其他实物资产无法比拟的优势。

首先，同样作为实物资产，黄金的流动性比房子大得多。并且，由于黄金的货币属性，当出现战争等情况的时候，它还可直接充当货币的角色，这是其他实物资产无法做到的。

其次，在此前做房产规划的时候，李明算过一笔账——购买一处房产，动辄几十万元甚至数百万元，即便前期可以通过只支付一定比例的首付款达到购买目的，但首付款对普通人来说，也不是一笔小数目。而投资黄金的门槛要低很多。

最后，不管是投资房产还是投资黄金，在一定程度上，收益都是基于价格的波动而实现的。房产的价格波动受到多方面的影响，尤其是在经济环境波动的情况下，黄金相对来说是不错的避险产品。

所以，在李明看来，虽然投资房产是一个不错的选择，但对自己这样的普通投资者来说，投资黄金似乎比投资房产的性价比更高。于是，闲暇之余，李明决定带着妻子出门逛逛，看是否有适合自己投资的黄金可入手。首先，他们来到了商业街某知名金店，想购买一些黄金饰品，在李明看来，这些黄金饰品既保值，又可以起装饰作用，可谓一举两得。店里琳琅满目的精美饰品让李明和妻子挑花了眼，最终，他们在售货员的推荐下，购买了一款价值 1 万元的黄金项链。店员称，这款项链是由 99.9%纯度的黄金打造的，并且未来还可以以旧换新，重新将其锻造成自己喜欢的款式。

———————

① 2013 年 4 月 15 日，黄金价格一天下跌 20%，大量中国民众冲进最近的店铺抢购黄金制品，一买就是几千克。

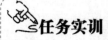

任务实训

➤ 李明夫妻二人购买的黄金项链能否保值？

➤ 你认为李明的黄金投资规划是否有值得改进的空间？若有，请给予相应的建议。

专栏阅读

纪念币是投资型实物黄金吗

所谓纪念币，其本质是一种带有纪念性质的实物黄金，主要分为奖章式金币和具有特殊纪念意义的金币。

奖章式金币是为了让收藏者显示其荣耀事迹并反映其地位而发行的金币，如美国发行的 1 盎司 "双鹰"（Double Eagle）奖章式金币就属于这类金币。具有特殊纪念意义的金币是为了纪念某一特殊事件或特殊人物而发行的金币，如在周恩来总理诞辰 100 周年发行的 1/2 盎司 "周恩来" 纪念金币，1999 年中国发行的 "千禧年" 纪念金币就属于这类金币。由于纪念性的事件与纪念性的人物一般较少，因此，纪念金币的发行次数一般较少，发行量也很有限，加之其设计和工艺水平都比较讲究，因而其价格比普制金币要高。这类实物黄金通常不具备真正意义上的投资性质，因为除金价波动以外，其价格还取决于收藏价值和艺术价值。同时因加工成本带来的较高溢价，其流动性也欠佳，这使投资者买卖此类实物黄金并不能完全享受金价波动带来的收益，持有黄金的保值功能也难以充分发挥。

那么，真正意义上的投资型实物黄金应具备什么样的特征呢？

首先，它的价格应该贴近国际金价水平，且价格的波动幅度和频率基本与国际金价保持一致。其次，它应当具有完整的流通渠道和便捷的变现方式。任何一种产品，流通性都是投资的先决条件，黄金更是如此。因为黄金不会产生利息收入，只有买卖操作正确才可能获利。所以，不能变现和流通的黄金是没有投资价值的。最后，它的交易成本不能太高，不能因交易成本而对投资者利用价格波动获取收益或利用黄金的稳定性进行保值产生影响。

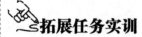**拓展任务实训**

　　请根据市场上现有的实物黄金投资品种，选择你认为最合适的黄金投资对象，并进行相应的投资规划（包括但不限于购买渠道、投资策略等）。

本章关键词

　　可支配收入、家庭开支、收支结构、购房决策、年成本法、净现值法、住房公积金贷款、商业贷款、等额本金、等额本息、购房能力、房产投资、黄金投资

第三章
家庭成长期的财富管理

 学习目标

表 3-1　学习目标矩阵

节目录	场景构建	知识目标	技能目标	思维目标
第一节 收支结构及特征	一、收入结构及特征	家庭成长期收入分类体系	家庭收入分类整理	收支管理思维
	二、支出结构及特征	家庭成长期支出分类体系	制作家庭收入支出综合表	
	三、收支管理	家庭成长期收支管理体系	财务自由的战略规划	
第二节 财富管理方案： 规划金融资产配置	一、股票投资核心	股票知识体系	价值分析应用	收益风险组合思维
	二、金融衍生品：一枚硬币的两面	期货、期权知识体系	金融工具的选择	
	三、债券：不可忽视的"常规武器"	债券知识体系	风险属性测评	
第三节 金融思维助力财富管理 ——用保险规划转移风险	一、保险规划的内涵	家庭保险分类体系	家庭风险识别	风险管理思维
	二、保险规划的核心	保险规划知识体系	保险需求测算	

成长前情提要

在李明和程兰 30 多岁时，两人迎来了一个健康可爱的孩子。孩子的降生为这个家庭带来了欣喜和欢乐，但同时，也带来更多的需求，而在这些需求中，有一部分需求以一定的物质基础作为支撑。

在孩子出生的第一个月，夫妻二人就算过一笔账——从怀孕的那一刻开始，产检、生产、住月子中心以及置办孩子出生后需要的各种生活用品，花费已近 8 万元。看着乖巧安睡的婴儿，两人不禁感慨："这'四脚吞金兽'可真不是白叫的！"不过感慨归感慨，和所有的父母一样，李明和程兰都想尽全力给孩子最好的生活，提供最好的教育。所以，他们意识到，至少在孩子成年独立之前，这笔家庭支出只会增加不会减少。

那么，这会给这个处在成长期的家庭带来巨大的负担吗？并没有！

一方面，在过去的几年里，李明在事业上的成长非常迅速，他通过了注册电气工程师的职业资格考试，也连续多年被评为公司优秀员工，在收入方面自然增加不少。另一方面，从大学时期开始，他就坚持学习财富管理，这些年在投资理财上的收入虽不算多，但多少也能作为生活的另一层保障。此外，妻子程兰评了中级职称，在教学和科研方面也积攒了一定的成果，收入有所增长。

所以，看着健康可爱的孩子，两人并未感到过大的压力，心中有的只是对未来生活的美好憧憬和期待。

一天，李明在某 App 上读到一篇题为《你还有多久才能获得财务自由》的短文。文中提到，当一个人的被动收入超过了支出时，就实现了财务自由。李明被这篇短文中的观点所吸引，他将文章分享给妻子，二人决定对未来家庭的财务问题从长计议。

第一节 收支结构及特征 ↓

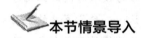

本节情景导入

李明自从听过"财务自由"这个概念后，很是向往。在过去近十年的工作中，李明踏实勤奋，尽心尽责。一方面，自己确实喜欢这份专业对口的工作，另一方面也因为自己肩负着建设家庭的责任，肩上的担子不允许他有任何懈怠。如果有一天，自己真的能实现财务自由，那该多好！那么，自己具备这样的条件吗？真正的财务自由到底离自己还有多远？要怎样才能更快地实现财务自由？李明决定再次对家庭的收支状况进行梳理。

一、收入结构及特征

围绕"财务自由"这个概念，收入可以分为两种：一种叫主动收入，另一种叫被动收入。主动收入是指与投入时间成正比的收入，如工作收入[1]。被动收入是指不与投入时间成正比的收入，主要是投资理财收入。需要注意的是，这里的投资理财收入是指从投资中取得资本收入[2]，而不是资本利得[3]。

所谓财务自由，就是指一个人的被动收入超过支出。

专栏阅读

你的财务自由是真的自由吗

当一个人的被动收入超过支出时，他就实现了财务自由。被动收入主要指投资理财收入，这在理论学习中并不难理解。然而，很多人不清楚的是，这里的投资理财收入并不包含投资过程中因低买高卖所获得的价差，即资本利得。

例如，很多人将炒房、炒股赚取的资本利得错误地当作投资理财收入，以为当在市场行情好的情况下赚取的资本利得超过工作收入时就可以不再受困于工作，于是错误地选择辞职专门炒股；但在市场行情不好的情况下遭遇家庭财务危机，之后又不得不重新找工作。这就是一个典型的错误理解了财务自由的条件的案例。

所以，一个家庭要想尽早实现财务自由，一定要尽早理财，多投资可以获得资本收入的资产，而不是靠资本利得来获取短期财富。

---

[1] 工作收入主要来自工资薪金收入，主要包括工资（含固定津贴/补贴）、奖金、劳动分红等。有些家庭还包括经营收入、劳务报酬、稿酬等。

[2] 资本收入是指投资资产所带来的利息收入、股息收入、分红收入、租金收入等。

[3] 资本利得是指低买高卖资产（如股票、债券、贵金属和房地产等）所获得的差价收益。

需要注意的是，财务自由并不是倡导我们逃避工作。我们要摆脱的，不是工作本身，而是受困于工作这个现象。我们要追求的，也不是不工作，而是可以更加自由地从事喜欢的工作，进而从中体会到更多的轻松和愉悦。

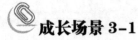

成长场景 3-1

财务自由自检之收入整理

从财务自由的角度出发，李明决定这一轮的收入整理分类就按照是否与投入时间成正比进行，将收入分为主动收入和被动收入。根据对这两类收入的理解，李明认为：自己家庭的主动收入主要来自每月的工资薪金和年终奖金；被动收入主要包括每年从银行获得的存款利息、购买基金的投资收益以及购买银行理财产品的收益。

如此看来，自己现阶段家庭的收入来源较之前更加多样化了，因此，李明决定将自己与妻子近一年来的各项收入汇总在表 3-2 中。

表 3-2　家庭收入统计明细表

家庭收入			月度金额/元	年度金额/元	占比
主动收入	工资薪金	李明	12 000	144 000	49.91%
		程兰	6 000	72 000	24.96%
	年终奖金	李明	3 333.33	40 000	13.87%
		程兰	1 666.67	20 000	6.93%
被动收入	存款利息		41.67	500	0.17%
	基金投资收益		833.33	10 000	3.47%
	银行理财产品收益		166.67	2 000	0.69%
合计			24 041.67	288 500	100%

注：表中数据差异是四舍五入造成的，并非计算错误。

在李明的家庭收入中，有些收入是每月获得的，有些收入是按年获得的。李明按照收入实际产生的时间将数额填在表 3-2 中，但为了日后便于进行家庭收支管理，所以将按年获得的收入平摊到月，这样便估算出家庭当前的平均月收入为 24 041.67 元，以便后续控制支出，避免入不敷出的情况。

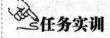

任务实训

请对李明家庭的当前收入来源结构进行评价。

　　经统计，李明发现当前家庭年收入中，绝大部分收入均来自自己和妻子的工资薪金，被动收入从绝对数额上来说不少，但从占比上来说远远低于主动收入。因此，即便在当前还没有对每月支出进行统计的情况下，李明也知道，自己离财务自由还很远。

　　那么，李明今后可以从哪些方面进行改善呢？首先，还是需要统计一下当前的每月支出状况。

拓展任务实训

　　请思考，为什么李明在进行主动收入统计的时候，要将自己和妻子的收入分开计算。

二、支出结构及特征

　　家庭成长期的支出划分仍可沿用之前的标准，即既可按照支出发生的频率分为经常性支出和非经常性支出，又可按照支出在家庭生活中的必要性分为基本消费支出和额外生活支出。

　　不同的是，随着家庭成员的增加，每一类支出对应的具体项目和数量都会有明显增加，主要体现在养育小孩、房贷、车贷等家庭成长建设需要的各项开支上，以及随着家庭收入增长而产生的个人所得税费用的增加。

　　因此，在对支出结构和种类进行梳理时，需要综合、细致而全面地考虑，一般会制作家庭收入支出综合表，以便全面了解此阶段的家庭收支基本情况。

成长场景 3-2

制作家庭收入支出综合表

　　经整理，李明发现自己的家庭在当前阶段的支出无论是项目还是数额都较之前增加了不少，考虑到这些支出项目的多样性，李明认为如果单纯按照某一种分类标准对其进行统计，确实无法体现家庭当前阶段的支出特征。因此，在经过思考后，他决定从以下几个方面对收入支出综合表进行设计。

　　首先，有些收入是每月获得的，有些收入是按年获得的，支出项也如此。例如，一日三餐的生活费、水电气及物业费、通信及网络费等都是每月发生的固定支出，而休闲娱乐、旅游度假、购物消费等支出发生的频率并不固定，因此只能按年进行大致统计。

　　其次，由于对支出统计的最终目的就是对其进行管理和控制，因此按照可控空间的大小，仍然要将其大致分为基本消费支出（刚性支出）和额外生活支出（可控支出），而这个标准不仅在不同的家庭是有差异的，即便在同一个家庭，随着家庭的成长与发展，其界限也有可能发生改变。例如，在过去，健身支出在李明和妻子看来都是一种高级消费，但随着年龄的增长与孩子的降生，他们的态度有了改变，他们认为身体健康是照顾好孩子、承担起家庭责任的必要条件，因此，这项支出在过去被视为额外生活支出，而现在被视为基本消费支出。

最后，相较于前些年，当前家庭所增加的支出项目具体包括：房贷还款、孩子的吃穿用度、教育医疗、购买和维护家具以及赡养父母。这些也需要在表格中有所体现。

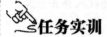 **任务实训**

请根据李明的思考，帮他制作一份能体现其家庭支出特征的表格。

基于以上考虑，李明最终将自己家庭过去一年的各项支出[1]和收入绘制在了表 3-3 中。

表 3-3　家庭收入支出综合表

项目			月度金额/元	年度金额/元	占比
家庭收入	主动收入	工资薪金 李明	12 000	144 000	49.91%
		工资薪金 程兰	6 000	72 000	24.96%
		年终奖金 李明	3 333.33	40 000	13.87%
		年终奖金 程兰	1 666.67	20 000	6.93%
	被动收入	存款利息	41.67	500	0.17%
		基金投资收益	833.33	10 000	3.47%
		银行理财产品收益	166.67	2 000	0.69%
收入合计			24 041.67	288 500	100.00%
家庭支出	基本消费支出	一日三餐	2 500	30 000	11.10%
		通勤	400	4 800	1.78%
		通信	150	1 800	0.67%
		物业	180	2 160	0.80%
		水、电、气	200	2 400	0.89%
		个护日用	350	4 200	1.55%

[1] 包含投资性支出和房贷支付，这些支出用于形成资产或获取收益，因此不能将支出的绝对数额作为衡量家庭是否控制开支或节流的唯一标准。

续表

项目		月度金额/元	年度金额/元	占比
基本消费支出	运动健身	416.67	5 000	1.85%
	房贷	6 000	72 000	26.63%
	门诊医药	83.33	1 000	0.37%
	孩子吃穿用度	2 500	30 000	11.10%
	孩子教育	2 500	30 000	11.10%
基本消费支出小计		15 280	183 360	67.84%
额外生活支出	社交	666.67	8 000	2.96%
	休闲娱乐	333.33	4 000	1.48%
	购买和维护家具	83.33	1 000	0.37%
	购物消费	833.33	10 000	3.70%
	旅游度假	833.33	10 000	3.70%
	赡养父母	2 000	24 000	8.88%
	投资理财（含除活期存款外的银行存款）	2 500	30 000	11.10%
额外生活支出小计		7 250*	87 000	32.18%
支出合计		22 530	270 360	100%*

（表中"家庭支出"为"基本消费支出"与"额外生活支出"两大类的跨行合并标题。）

*四舍五入取整。

注：表中数据差异是四舍五入导致的。

　　根据统计可知，李明家庭当前每月平均支出 22 530 元，如若要实现财务自由，则意味着每月获得的被动收入最低为 22 530 元。而当前的每月被动收入为 1 041.67 元，财务自由确实还远啊！

三、收支管理

　　根据前面的理论可知，努力提高被动收入，使其超过月支出，是实现财务自由的途径。因此，结合家庭成长期的特征，提出以下以提高被动收入为核心的收支管理策略。

　　首先，日常开支的控制仍不能放松，这里不是说一味地节流，而是倡导通过分类记账的方式，梳理家庭账务，清楚家庭的每一笔支出是否都花在了刀刃上。例如，从是否能带来被动收入的角度来看，投资性支出的效益就高于消费性支出。即便有些投资性支出会借用杠杆，但对杠杆的利用为生活带来了流动性，也不一定是件坏事。

　　其次，在能力范围内考虑减少负债。虽然有些负债最终会形成资产，但由于负债的偿还会直接带来每月支出的增加，无疑也使财务自由的实现变得更困难。减少负债直接的途径就是努力提高主动收入，这是实现财务自由的物质基础。因此，对处在成长期的家庭来说，可以通过对未来的职业发展进行规划[①]进而获取更多的主动收入。

　　综上所述，提高主动收入，适度使用杠杆，在能力范围内更多地创造家庭资产，尤其是生息资产，即是通往财务自由的正确道路。

---

　　① 关于职业规划的内容，本书将在后面章节进行详细讲述。

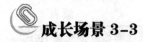 **成长场景 3-3**

财务自由要如何实现

完成了对上述策略的学习后，李明接下来的规划就较为清晰了。

第一，由于之前已经充分意识到节流的重要性，因此在李明看来，当前水平的家庭支出虽然不是一个小数目，但都是保障家庭应有的生活质量而必要的，所以，不到万不得已，李明不愿再对其进行压缩。加之其中有不少支出都属于能为家庭带来收益或形成资产的投资性支出，这些支出不仅不需要压缩，在能力范围内还可以进一步增加。

第二，关于房贷，虽然最终形成资产，但毕竟在目前的支出中占比是最大的，所以，如果能尽快将其偿还完毕，这也是加快财务自由的一大途径。在此前，李明与妻子将房贷期限设置为 10 年，但近几年家庭收入明显上涨，现金结余也在逐年增加，所以提前还贷不失为一个好的选择。

✍ 任务实训

请结合第二章中李明的购房规划，以及当前阶段新的思考，帮他整理出提前还贷需注意的问题。

最后，关于职业发展，李明意识到这几年工作干得不错，未来应该还有很大的上升空间。例如，后续在职称上从中级到高级的晋升，甚至从技术层面到管理层面的转岗，又或者进一步攻读 MBA 后自主创业等，这些都将是未来实现财务自由的途径。

✍ 拓展任务实训

搜集信息，结合你所学专业，整理你毕业后 5～10 年的职业发展路径和空间，并尝试给李明提出职业发展建议。

专栏阅读

财务自由是富人专属的吗

我们来看这样两个家庭。A家庭的成员从事白领工作，收入较高，家庭月收入30 000元，但同时生活支出也较高，月生活支出20 000元。B家庭的成员从事蓝领工作，家庭月收入8 000元，但生活支出也较低，月生活支出4 000元。假设两个家庭目前都没有生息资产，你认为哪个家庭会更容易获得财务自由？

如果你毫不犹豫选择了A家庭，就说明你陷入了财务自由的误区——家庭收入越高，越容易获得财务自由。

为什么这么说，让我们来进行一个简单的计算。

在A家庭当前的收支水平下，每月可产生现金结余10 000元。假设将这10 000元全部用于投资理财获取被动收入，在年投资收益率12%的情况下，每月可实现的资本收入为100元（10 000×1%）。为了实现财务自由，A家庭的资本收入应当要超过每月支出20 000元。因此，投资累计应达到的金额应当为2 000 000元（20 000÷1%）。如果按当前每月投入10 000元计算，则需要200个月才能实现。

B家庭每月可产生的现金结余虽只有4 000元，但如果同样将这4 000元全部用于投资理财，那么在年投资收益率12%的情况下，每月可实现的资本收入为40元（4 000×1%）。为了实现财务自由，B家庭的资本收入只需要超过每月支出4 000元即可，所以投资累计应达到的金额只需要400 000元（4 000÷1%）。如果按当前每月投入4 000元计算，则只需要100个月即可实现。

由此可见，财务自由并不只属于富人，收入较低的家庭因月支出较少，或许更容易率先实现财务自由；收入较高的家庭如果不懂得如何投资理财以获得更高的资本收入，那么，在月支出较高的情况下，其实现财务自由的难度反而会更大。

第二节 财富管理方案：规划金融资产配置 ↓

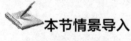

本节情景导入

李明有了更多的收入来源，虽然支出也随之增大，却也相对稳定。通过之前对收支管理的学习，李明知道，在自己当前主动收入提升空间有限的情况下，只能先通过调整投资理财策略，尽可能提高自己的投资理财收入，从而离财务自由更近一步。

说到投资理财，李明并不陌生，虽说是半路出家，但也算有点经验。回忆过去，在学生时期和事业、家庭都刚起步的毕业初期，能用于投资金融资产的闲置资金和可选择的金融资产种类都是十分有限的。而在财富管理中，通过多样化的投资来分散风险是非常重要的一大原则。所以，李明认为，随着当前财富的增多和抗风险能力的增强，配置更高风险的金融资产来获得更多元化的被动收入便成了值得自己好好规划的一件事。那么，曾经让李明敬而远之的高风险、高收益金融产品——股票，甚至金融衍生工具，又该如何为他所用呢？

一、股票投资核心

（一）股票知多少

股票是股份有限公司为了筹集资金而向投资者发行的有价证券。对发行主体——股份有限公司来说，它是一种筹资工具，也叫金融工具；对投资者（股东）来说，它是一种金融资产，未来可能因持有而获得收益。

股票的收益主要由两部分构成：一是作为股东，按照持股比例分得的来自公司盈利的部分，即股息或红利；二是来自在市场上流通转让的差价，即资本利得。所以，股票的收益是极不确定的，既受到公司经营状况和业绩的影响，又与国家的宏观政策、行业政策等市场环境相关。因此，投资股票的风险相较于投资银行理财产品、基金、债券等金融工具的风险更高，但出于对这种更高风险的补偿，收益也会更大。这便是股票的高风险、高收益特征[①]。

（二）利益共同体：公司

根据股票的特征，我们知道，股票的收益在很大程度上由公司的经营状况和业绩决定。因此，投资股票从本质上来说，就是投资公司。作为公司所有者的股东们，与公司是利益共同体，彼此之间利益共享、风险共担。

任何一家公司，其经营本身就是一件极其需要花费时间的事，若要想通过业务创新或转型在行业中占有一席之地，使其真正的价值有所体现，管理者和决策者需要有足够的耐心。所以，投资者需要对一些暂时的亏损表象具有足够的忍耐力。

（三）找到那只替你赚钱的股票——价值投资方法

基于上述理论，我们一般认为投资股票就是投资公司。因此，第一步，我们需要挑选一家具有长期投资价值的好公司。何谓好公司？在这里，我们借助龙红亮在《投资理财红宝书》中提到的观点：一家好公司，即一台处于好赛道的好赛车，同时还配备好司机。好赛道，可以理解为这家公司所处的行业具有好的发展前景。一般来说，如果行业已经是夕阳产业了，那么再好的公司，其增长潜力也非常有限。好赛车，可以理解为这家公司本身的经营状况健康，在行业中具有核心竞争力等。而好司机则代表这家公司的管理者或决策者具有较高的职业素质和较强的业务能力。按照这样的逻辑，我们便可大致判断出一家公司是否具有长期投资价值。第二步，我们需要对这家公司的内在价值进行分析，即进行估值[②]。第三步，我们需要将估算出来的企业内在价值与市场价格进行比较，做出投资决策。若企业股价被低估，可买入；企业股价被高估，则放弃，继续等待合适的入手时机。

成长场景 3-4

股票投资高开低走

在学习了价值投资方法后，李明如获至宝，想要赶紧将此方法用到自己的投资过程中。然而在第一步，李明就犯了难：如何才能真正选到一家具有长期投资价值的公司呢？好赛道、好赛车以及好司机，考察和甄别这三个要素需要搜罗大量行业、市场，以及公司的相关信息和资料。姑且不说资料的搜集工作量有多大，即便将一份份已经十分完善的资料摆在跟前，自己缺

---

① 除此之外，股票还具有永久性、流动性和参与性等特征，有兴趣的同学可自行了解。
② 具体的股票估值方法有很多，后续创业金融篇中会有所涉及，本节不赘述。

乏经济、金融、财务等相关知识，也不知从何下手啊！

就这样，李明自诩为一个门外汉，便将目光聚焦到了券商们的研报上。他认为，曾经在基金投资的过程中，"将专业的事交给了专业的人去做"，那么，对于股票投资中自己不擅长的部分，也可以借助专业机构的力量。

于是，李明开始每天阅读财经新闻，一有空就研究各大券商的研报，希望从中挖掘一些有用的信息和建议，从而助自己一臂之力。两周后，李明将目标锁定在了一只被券商们看好的股票上，经过了两周的观察，又通过自学到的估值方法，对该股票的内在价值进行了大致计算，发现此股在当前是值得入手的。就这样，李明勇敢地迈出了第一步。

果然，这只股票在李明买入的前两周，价格一路飙升，虽然股价有过短暂回调，但也只是小幅震荡。李明谨记价值投资是一个长期过程，况且，这也是券商们认可的股票，所以，李明对持有这只股票信心满满，丝毫不动摇。

然而，从第三周起，情况发生了变化，股价一改之前总体上升的趋势，开始波动向下，这种情况一直持续了一月有余。当股价降回到当初买入的水平，并且还在继续下降时，李明心中起了波澜——难道是之前哪个环节出错了吗？是不是券商们的建议也不一定准确呢？我还要不要坚持呢？如果再跌下去，可就要亏钱了呀……

在经过了一段时间的纠结之后，李明选择了继续持有。然而，又过了两周，情况不但没有任何改变，跌势反而更加明显了。李明有些按捺不住了，不仅先前赚到的钱赔了出去，现在连本金都亏损不少。虽然当前阶段的李明抗风险能力相较之前有所增强，但真正当亏损来临的时候，心态也无法稳定了。

接连好几天，李明都闷闷不乐，心里总想着什么时候能把这些钱赚回来。但是，股价还在继续下跌，并且丝毫没有好转迹象，李明"认栽"了。

李明的"股市第一票"就这样结束了，没赚到一分钱，反倒使本金亏损了近10%。然而，这还不是令李明最难过的事，最难过的莫过于，李明发现，这只股票在自己卖掉的一周后，竟然开始上涨了，到现在，一年过去了，股价已经在之前的基础上翻了近一倍……

✍ 任务实训

请根据你对价值投资方法的理解，帮助李明复盘他的投资过程，并给予适当建议。

专栏阅读

那些你容易在价值投资中栽的跟头

✓ **跟头一：脑子会了，心不会**

众所周知，价值投资是一个长期过程，殊不知，很多时候脑子里的长线投资理念很容易被沉不住气所取代。理论的学习并不难，但真正去实践时，又有几个人能真正成为一个价值投资者呢？人通常在面临暂时亏损时都缺少足够的忍耐力。所以，你的行为或许早已出卖了你，让你"以投资之名，行投机之实"。

✓ **跟头二：妄自菲薄**

机构投资者一定比个人投资者具有优势吗？或许你会毫不犹豫做出肯定的回答。就像很多人总喜欢研究券商发布的研报，因为大家都知道专业机构拥有的职业优势是普通个人投资者无法比拟的——他们每天专职进行投资研究，拥有良好的团队及公司资源，而普通个人投资者有着本职工作，能用于投资的时间非常有限。但是，就全行业来说，个人投资者或许不如专业的投资经理，但个人投资者对自己所在行业的了解程度，或许是那些职业经理难以匹敌的。个人投资者可以通过对行业发展的理解及趋势判断，或者根据自己独到的见解，选出可靠的公司。

✓ **跟头三：选择性失明或失聪**

我们在选择具有长期投资价值的公司时，一旦关注到特定对象，很容易更多地去关注那些对其有正面影响的消息，而自动屏蔽负面信息。因为人都希望能从各种途径得到肯定，便会自动去挖掘一些能证明自己判断正确的论据。

拓展任务实训

请选择一只股票，利用价值投资方法，对其进行投资决策分析。

二、金融衍生品：一枚硬币的两面

金融衍生品指一种基于基础金融工具的金融合约，其价值取决于一种或多种基础资产或指数。金融合约的基本种类包括远期合约、期货、掉期（互换）和期权四大类。下面只介绍期货和期权两类。

（一）期货：套期保值和杠杆投机

期货是一种"标准化"的远期合约[1]，所谓的标准化，是对交易时间、价格、数量、货物质量等要素制定统一标准。所以，这种标准化的远期合约同股票一样，是市场普遍接受和认可的，是可以在交易所集中进行交易的。期货主要的功能有两个：一是套期保值，二是杠杆投机。

所谓套期保值，是指为了防止未来现货价格上涨/下跌，从而在买进/卖出现货的同时，在期货市场上卖出/买入与现货品种相同、数量相当的资产，以一个市场的盈利弥补另一个市场的亏损。

投机则是与所有有价证券交易都相同的功能，期货市场上的投机者也会利用对未来期货价格趋势的预期进行投机交易，预计价格上涨的投机者会建立期货多头，预计价格下跌的则建立空头。所谓杠杆投机，特指期货市场的保证金交易机制使每笔交易都自带杠杆。例如，在保证金率为10%的情况下，大家交一万元的保证金，就能对市场价值十万元的期货合约进行买卖，从而获取投机差价。

（二）期权：对赌投机

期权是指赋予买方在规定期限内按买卖双方约定的价格购买或出售一定数量某种金融资产的权利的合约。期权的买方可以根据市场的实际情况选择是否行使自己买卖资产的权利。

虽然期权也具有投机功能，投资者可根据对标的资产未来价格的预测做出相应的买卖操作，但与期货中的杠杆投机不同的是，期权的投机是由于买方事先支付了期权费，从本质上来说是将投机的风险转嫁到了卖方身上，而卖方由于获得了相应补偿（期权费）也愿意为此承担风险。所以，这里的对赌[2]可以理解为买卖双方对于未来不确定情况的一种约定，买方赌的是未来发生的情况对自己有利，从而可以行使相应权利；而卖方则赌未来发生的情况不利于买方从而放弃行权，自己则净赚期权费。

专栏阅读

武大郎烧饼生意中的期货与期权

如果期货和期权让你感觉高深莫测，不妨将标的资产换成普通商品，来看看武大郎烧饼生意中的期货与期权。

✓ **武大郎的烧饼期货**

武大郎烧饼铺的一名常客有一天找到武大郎，对他说："武大，跟你谈个生意呗。四个月后，卖100个烧饼给我，但是价格咱们现在就定好，怎么样？"

"好啊，我的烧饼味道可好得很。不过，既然要定好价格，咱们现在就先签一份合同。"武大郎回答。

合同约定，四个月后，不管烧饼的市场价格如何变化，武大郎都要以5元/个的价格将

---

[1] 远期合约是指交易双方约定在未来某一个确定的时间，按照某一确定的价格买卖一定数量某种金融资产的合约。

[2] 对赌是一个金融学术语，全称对赌协议，是投资方与融资方在达成协议时，双方对于未来不确定情况的一种约定，为确保各自的利益而列出的一系列金融条款。如果约定的条件出现，投资方可以行使一种权利；如果约定的条件不出现，融资方则行使另一种权利。

烧饼卖给这位客户。

很快，四个月过去了，烧饼的市场价格跌到 2 元/个，武大郎开心极了，因为他每卖给这位客户 1 个烧饼就会比卖给其他客户多赚 3 元。而这位客户则悔不当初，怪自己没有对烧饼市场行情做出准确的预判。

✓ **武大郎的烧饼期权**

半年后，这位常客又找到了武大郎，对他说："武大，跟你谈个生意呗。四个月后，我需要 100 个烧饼，咱们还是约定 5 元/个的交易价格，但这次我会先付你 50 元。如果四个月后，烧饼的市场价格涨了，我们就按照约定的 5 元/个成交；如果烧饼的市场价格跌了，你就按那时的市场价格直接卖给我，这 50 元我就不要了。怎么样？"

武大郎想了许久，暗自思考："如果价格跌了，我也不亏损啥，反倒还提前锁定了 100 个烧饼的销路；而如果价格涨了，这先付给我的 50 元也算作补偿了。况且谁也不知道未来烧饼的市场价格到底会如何变化，不妨试试吧。"于是，武大郎便应了下来。

四个月的时间很快就到了，这次，烧饼的市场价格涨到了 8 元/个，这可高兴坏了这位客户，他成功地按照 5 元/个的约定价格从武大郎处买到了 100 个烧饼。而作为补偿，武大郎也得到了额外的 50 元。

成长场景 3-5
投资有门槛的金融衍生品

在了解了以期货和期权为代表的金融衍生品后，李明又结合了我国的实际情况，进行了进一步的学习与探索。

第一，从理论层面来说，李明知道了像期货和期权这样的金融衍生品，功能非常强大。例如，期货的套期保值、期权的对赌投机实则都是一种避险功能的体现，而期货中的保证金交易则体现出高杠杆、高风险的特性——投资者能进行数倍于本金的标的资产交易，其收益相较于股票这样的金融工具会更高，当然，一旦预判失误，也将遭受更大的损失。因此，李明认为，对于这类风险较股票更高的金融衍生品，待自己日后有更多的财富积累，能承受更高级别的风险后再来实践也不迟。

第二，在我国目前可以交易的期货品种中，股指期货、国债期货，以及一些特殊商品期货（如原油、铁矿石、20 号胶等）都有交易门槛[①]。期权同样如此，无论是商品期权还是金融期权，都有最低 10 万元的资金门槛。但李明目前做不到拿出 10 万元投资于期货或期权市场。

于是，在综合考虑后，李明决定在目前阶段，自己最多在股票领域投资，又或者寻找一种风险水平稍低于股票，但收益又比曾经接触过的银行理财产品和基金更稳定的金融产品。

---

① 这类期货的交易门槛包括三个方面。一是资金门槛，10 万～50 万元（不同的期货品种资金门槛略有差异）；二是交易记录，近三年内具有 10 笔期货实盘交易记录，或者具有累计 10 个交易日、20 笔以上的金融期货仿真交易成交记录；三是通过金融期货知识考试，成绩要大于 80 分，考试不限次数。

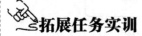

拓展任务实训

请结合李明的思考，谈谈你对期货和期权的认识。

三、债券：不可忽视的"常规武器"

（一）债券的分类与特征

债券同股票一样，也是一种有价证券。对债券发行人来说，它是一种筹资工具（金融工具）；对债券购买人来说，它是一种金融资产，未来可能为自己带来收益。

债券的收益同样分为两部分：一是利息收入，二是来自流通转让差价的资本利得。与股票不同的是，债券的利息收入一般是固定的，按照发行时的票面利息按期给付，所以债券也称为固定收益证券；而股票的股息却要受到公司经营业绩和股利分配政策的影响。另外，我国债券的二级市场远没有股票的二级市场发达，所以债券在转让时的流动性并没有股票那么高，因此会影响债券资本利得的获取。综上，对投资者来说，债券是一种收益主要来自固定利息收入的金融资产。

虽然债券的投资收益较为固定，但投资债券也是有风险的。根据债券面临的风险种类不同，债券可以分为利率债和信用债两类，如图3-1所示。利率债主要是指国债、地方政府债券、政策性金融债、政府支持机构债和央行票据等，其特点在于发行主体有国家信用作为背书，在实际操作中投资者基本不用考虑债券的信用风险[1]。信用债是指政府之外的主体发行的、约定了确定的本息偿付现金流的债券，常见的有公司债、短期融资券、中期票据、分离交易可转债、资产支持证券、次级债等。信用债既有利率风险[2]，也有信用风险。

---

[1] 信用风险也叫违约风险，是指债券发行人因种种原因无法按期还本付息，从而发生违约的可能性。

[2] 利率风险是指债券的价格随市场利率变动的风险。债券的价格与市场利率成反比关系，如果市场利率下降，债券价格就会上升；反之，如果市场利率上升，债券价格就会下降。市场利率上升时，作为债券的投资者如果想要将债券变现，就要承担因利率变动而带来的债券转让价格下跌的损失。

图 3-1　债券分类

为何必备"常规武器"

为何债券是财富管理规划中必备的"常规武器"？

一方面，我们从收益和风险这两个投资者关心的角度对比债券与其他金融工具。第一，在安全性方面，债券的风险低于股票和大部分银行理财产品和基金。第二，在收益率方面，债券的收益率虽然不高，但依然是一笔很可观的财富（至少高于银行存款收益），并且其收益是事先约定好的，不同于股票、基金等收益与众多因素有关，具有极大的不确定性。第三，债券相较于银行理财产品和基金这类本质是资产组合的投资工具，更加单纯、简单。另外，债券可以和股票互补——当股票大跌的时候，债券往往表现良好。所以，债券的优势就是安全、稳健、简单。

另一方面，债券是一种可以满足不同风险偏好人群投资需求的金融工具。一般来说，信用债的违约风险较大，其不能按时还本付息的可能性不仅受公司治理水平、制度、股权结构、业务经营、债务规模等方面的影响，还会受到国家政策、经济环境、行业周期等大环境带来的系统性影响。但就收益水平来说，信用债的收益通常高于利率债，且信用风险越大，收益率就越高。在流动性方面，利率债相较于信用债流动性更强，通常参与利率债交易的机构较多，价格透明，日均交易次数相对较多，买卖价差相对较小。而信用债通常买卖价差较大，全天成交次数较少。尤其是在市场行情下行的时候，利率债相较于信用债更容易卖出止损，信用债可能会出现流动性骤降，难以止损，从而导致亏损幅度难以控制的情况。

（二）债券投资准备——投资者风险属性评估

在评判投资者的风险属性时，一般要考虑两个维度：一是风险承受能力，二是风险承受态度。从本质上来说，这两个维度分别对应两个问题："我能不能冒险"和"我敢不敢冒险"。

投资者风险承受能力主要由投资者的客观条件决定，一般可通过风险承受能力评分表（见表 3-4）确定风险承受能力得分。0～19 分的投资者属于风险承受能力低的投资者，20～39 分的投资者属于风险承受能力中低的投资者，40～59 分的投资者属于风险承受能力中等的投资者，60～79 分的投资者属于风险承受能力中高的投资者，80～100 分的投资者属于风险承受能力高的投资者。

表 3-4 风险承受能力评分表

项目	10分	8分	6分	4分	2分
年龄	总分50分。25岁以下50分，每多1岁少1分，75岁以上者0分				
就业状况	公职人员	企业员工	佣金收入者	自由职业者	失业人员
家庭负担	未婚	双薪无子女	双薪有子女	单薪有子女	单薪养三代
置产状况	投资不动产	自用住宅无房贷	房贷小于收入的50%	房贷大于收入的50%及以上	无自用住宅
投资经验	10年以上	6～10年	2～5年	1年以内	无
投资知识	有专业证照	财经专业毕业	自修有心得	懂一些	一片空白

风险承受态度属于主观性格因素，指的是个人或家庭心理上能承受多大的风险或损失。与风险承受能力测评一样，投资者的风险承受态度得分也可通过相应评分表（见表 3-5）计算得出。0～19分的投资者属于低态度（保守型）投资者，20～39分的投资者属于中低态度（平衡偏保守）投资者，40～59分的投资者属于中态度（平衡型）投资者，60～79分的投资者属于中高态度（平衡偏进取）投资者，80～100分的投资者属于高态度（进取型）投资者。

表 3-5 风险承受态度评分表

项目	10分	8分	6分	4分	2分
忍受亏损	总分50分。不能容忍任何损失0分，容忍亏损增加1%加2分，可容忍25%的亏损得50分				
投资目标	短期差价	长期利得	每年现金收益	抗通胀保值	保本保息
获利情况	25%以上	21%～25%	16%～20%	11%～15%	5%～10%
认赔行为	默认止损点	事后止损	部分认赔	持有待回升	加码摊平
赔钱状态	学习经验	无所谓，照常过日子	影响情绪小	影响情绪大	难以入眠
看重特性	获利性	兼顾收益性和成长性	收益性	流动性	安全性
避免工具	无	期货	股票	外汇	不动产

最后，由风险承受能力和风险承受态度得分算出风险评分，可综合判定较为准确的风险属性。根据投资者风险属性，可进行各类风险等级不同的金融资产配置。

成长场景 3-6

基于风险属性测评的资产组合

学到这，李明突然意识到，自己之前之所以在股票投资的过程中高开低走，很重要的一个原因，便是缺少对自己风险属性的准确测评。虽然之前凭借对自己的了解，认为自己已经从风险厌恶的投资者成了对风险有一定承受能力的投资者，但当真正面临损失时，自己并不能做到处变不惊。

所以，李明认为，在选择具体的投资工具前，非常有必要对自己的风险属性有一个清晰的认识，但完全凭自己主观感受得出的结果是有偏差的，必须借助专业的方法进行测评。就像曾经在学生时期购买银行理财产品一样，需要先进行专业的风险属性测试。可在当时，自己只是被动完成相应的测试题，并不完全明白其中的逻辑和原理，况且这么多年过去了，很多情况早已发生了改变。

于是，李明决定参照上述风险承受能力评分表和风险承受态度评分表，认真对自己的风险属性进行测评。

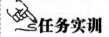

任务实训

请根据此前获得的李明个人资料，帮其进行风险承受能力测评。

在风险承受态度方面，李明的测评过程如下。

（1）在忍受亏损方面，李明回忆起在之前投资股票的过程中，自己是在本金亏损约10%的时候撤资离场的。因此，该项可得20分。

（2）在投资目标方面，李明自认为想要通过增加储蓄积累财富，进而尽早实现财务自由。所以，通过每年增加现金收益，进而提高储蓄是当前的投资目标。因此，该项可得6分。

（3）在获利情况方面，李明没有一个特定的目标，如前所述，只希望每年尽可能多地增加储蓄。但有一点李明很清楚，就是当前阶段所投资产的收益率不能低于曾经接触过的银行理财产品和基金①。基于这个考虑，李明将预期收益率定在11%～15%。因此，该项可得4分。

（4）在认赔行为和赔钱状态方面，李明仍结合自己此前投资股票的一系列行为，认为自己的认赔行为处于"持有待回升"和"部分认赔"之间，赔钱状态属于"影响情绪大"。因此，综合判断各自均可得5分。

（5）在看重特性方面，李明认为自己对收益性肯定是看重的，毕竟最初的愿望就是尽可能增加储蓄。可李明也深刻意识到，虽然目前阶段有一定储蓄，但也并不多，加之家庭开支较大，所以一旦遇到变故急需进行资产变现。所以，这一项的得分应当介于收益性和流动性之间，得5分。

（6）在避免工具方面，期货这一类金融衍生品是之前明确过不适合触碰的，但不排斥股票，所以可得8分。

---

① 李明在学生时期了解过银行理财产品，知道银行理财产品的一般年收益率为5%左右；同时也实际购买过基金，当时选择的南方双元A（000997）属于债券型基金，一般债券型基金的年收益率为6%～9%。

最终，李明综合计算出自己的风险承受态度得分为 53 分，属于中态度（平衡型）投资者。同时，李明基于自己当前阶段的客观情况，测评出自己在风险承受能力方面属于能力中高的投资者——这倒着实出乎李明的预料。李明仔细分析后发现，原来这部分的优势主要来自年龄，李明正处于青壮年时期，也就意味着，即便投资失败，也完全有从头再来的机会和可能。这是李明此前一直忽略的一点，因此也就造成了属于能力中高的投资者，却是中态度（平衡型）投资者。

基于以上结果，李明认为自己在资产组合中可以尝试中高风险的资产配置，即便对于债券这样相对安全的投资对象，也可选择信用债这类风险较高但收益也较高的产品，从而加速实现财务自由。

 拓展任务实训

请结合本节所学，帮助你的家庭进行金融资产配置的分析，并提出优化建议。

➢　请对你的家庭目前的金融资产配置的实际情况进行统计。

➢　请对你的家庭目前的风险承受能力和风险承受态度进行评价。

➢　基于上述统计和测评结果，请对你的家庭目前的金融资产配置情况进行评价，并适当提出优化建议。

第三节　金融思维助力财富管理——用保险规划转移风险

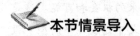

本节情景导入

随着年龄的增长和阅历的增加，李明发现，自己不再有当初那种初生牛犊不怕虎的劲儿了。尤其是在探索了高阶的财富管理工具后，李明更加意识到风险无处不在，即便再简单的金融工具都是存在风险的。目前，虽然自己的家庭收入还在逐年上涨，但越往后，家庭各方面的需求和开销也会进一步增大，自己和妻子任何一方如果在收入上有所变动，都将会对家庭产生巨大的影响。孩子的教育、父母的养老以及未来家庭要维持现有生活水平的种种开销，都是需要提前考虑和规划的问题。

李明咨询了专业的理财规划师，理财规划师发现，李明的家庭在此之前所做的所有财富管理规划中，都缺少对风险防控的考虑。因此，他建议李明将保险规划也纳入财富管理，因为这是一种可以通过较少的投入将未来可能遭受的风险进行转嫁的风险管理手段。

一、保险规划的内涵

所谓保险，即投保人[①]根据合同约定向保险人[②]支付保险费，保险人对于合同约定的可能发生的事故因其发生所造成的财产损失承担赔偿保险金责任，或者被保险人死亡、伤残、疾病或者达到合同约定的年龄、期限等条件时承担给付保险金责任的保险行为。所以，保险究其本质，是一种借助合同或协议将风险损失转移给其他单位或个人的风险管理办法。

但是，并不是所有风险都可以通过保险规划进行转移。一般情况下，保险公司承保的风险必须具备以下特征：第一，必须是纯粹风险[③]；第二，必须是偶然风险和意外风险[④]；第三，风险发生的概率必须可以预测[⑤]；第四，风险造成的损失必须是明确的[⑥]；第五，风险不会对保险人造成

---

① 投保人是指与保险人订立保险合同，并按照保险合同负有支付保险费义务的人。投保人可以是自然人也可以是法人，但必须具有民事行为能力。

② 保险人，又称"承保人"，是指与投保人订立保险合同，并承担赔偿或者给付保险金责任的保险公司。在我国，保险人有股份有限公司和国有独资公司两种形式。保险人是法人，公民个人不能作为保险人。

③ 按照有无盈利的可能性，风险分为投机风险和纯粹风险。投机风险可能造成损失，也可能产生盈利，如赌博；纯粹风险只有损失或不损失两种情况，只有纯粹风险才是保险公司承担的可保风险。

④ 偶然风险是指风险一定是要具备随机偶然特征的风险，才能承保，否则必然带来极大的损失。例如，已经生病的人进行投保，因疾病带来经济损失是确定会发生的，对此保险公司不会承保。意外风险是指风险的发生超出了投保人的控制范围，且与投保人的任何行为无关。如果由于投保人的故意行为而造成的损失也能获得赔偿，将会引起道德风险因素的大量增加，违背了保险的初衷。例如，海上货物的损失，必须证明是自然意外导致的，不是投保人刻意带来的损失。

⑤ 保险的原理是集中多数人的少部分资金来承担小概率事件造成的少数人的大损失。如果保险公司承保大概率风险，那么保险公司将入不敷出，收取的保费将不足以支付赔偿。所以，对风险发生的概率进行预测是必须的。

⑥ 可保风险的损失必须可以用货币衡量，只有这样保险公司才能以此为依据进行补偿。所以保险合同中会体现确定的保险金额，这个金额即为未来损失发生时的赔付限额。

灾难性的打击[1]。

成长场景 3-7

家庭风险及对应保险种类

虽然此前李明并未专门对家庭进行过保险规划，但提到财富管理过程中的风险防控，李明想起此前了解过的金融衍生品——期货和期权，在一定程度上也有风险防控的作用。不同的是，金融衍生品的投资可能会有资金门槛，同时需要较多的投资知识和技巧。相较而言，保险显得简单，只需要通过支付一定的保险费，就可将风险进行转移。除此之外，金融衍生品规避的是投资过程中的风险，而保险所涉及的风险范围会更广，除了投资理财中的风险，还包括家庭财产因种种原因可能发生的损毁、家庭成员因出现意外而导致的收入下降或由因家庭成员的疏忽、过失造成他人人身伤害或财产损失而带来的经济赔偿责任等风险。

于是，围绕"可保风险"这一概念，李明进一步将自己家庭在当前阶段可能遇到的风险进行梳理。

在人身方面，他们可能面临的风险有：自己或妻子因死亡或残疾造成的家庭收入中断；因疾病造成家庭无力承受高额医疗费用。在财产方面，家庭目前的大额财产只有房屋，未来很有可能购买汽车，所以可能面临的风险主要包括：房屋因火灾等风险事故发生损毁；汽车被盗、汽车因碰撞或自然灾害等原因发生毁损。另外，还有可能因过失或疏忽造成他人的身体健康或财产损失而需要担负相应的赔偿责任。

由此，根据这些不同种类的家庭风险，李明认为自己需要搭配不同的险种进行投保。在进一步查阅了当前市场上的保险种类后，他为家庭未来的保险需求制作了表 3-6。

表 3-6　家庭风险种类及保险需求统计

风险类型	具体风险	风险损失	所需保险
人身风险	死亡	永久失去生产能力，收入中断	人寿保险
	残疾	永久或部分失去生产能力，收入中断或显著下降	人寿保险；意外伤害保险
	疾病	收入不同程度减少；高昂医疗费用	重疾险；医疗险
财产风险	房屋损毁	直接经济损失；因房屋损毁而增加的间接支出，如另寻住处产生的费用	房屋保险
	汽车损毁或被盗	修车费用；直接经济损失	车损险；盗抢险
	家庭财产[2]损毁或被盗	直接经济损失	家财险
责任风险	驾车致他人受伤	高昂赔偿费用	第三者责任险

---

①《中华人民共和国保险法》第一百零三条规定，保险公司对每一危险单位，即对每一次保险事故可能造成的最大损失范围所承担的责任，不得超过其实有资本金加公积金总和的百分之十；超过的部分应当办理再保险。所以，对于诸如地震、海啸等巨灾，保险公司一般不承保。

② 包括自有的家庭财产（如家用电器、衣物等生活用品）和特别约定的家庭财产（如珠宝、首饰、古玩等珍贵财物，以及货币、证券、技术资料、文件和无法鉴定价值的财产）。

任务实训

➤ 请根据李明整理的表 3-6，进一步查阅资料，了解不同类型保险的基本含义与适用情形。

➤ 进一步思考，你的家庭当前需要配备哪些保险种类。

看着表 3-6 中所列示的保险种类，李明有了新的思考——这么多的保险品种都是自己所需要的，如果全部配备，这可是一笔不小的开支啊！虽然目前的家庭收入也不差，但按照双十原则[①]，家庭的保险费支出一般只能占到家庭收入的 10% 左右，不超过 15%。那么，这就涉及对保险的重要性排序。在不同的人生阶段，保险需求的侧重点是不同的。在经济能力有限的情况下，应该优先考虑配备相应阶段最需要的保险种类。

基于以上考虑，李明根据不同的人生阶段，针对保险的不同需求又制作了表 3-7。

表 3-7　不同人生阶段下的保险需求排序统计

人生阶段	特点	所需保险
单身期 （参加工作至结婚）	个性冲动；经济收入低，开销大	1. 意外伤害保险
		2. 医疗险；重疾险
家庭初创期 （结婚至小孩出生）	家庭收入增多；大额支出增多；家庭责任加重	1. 意外伤害保险
		2. 医疗险；重疾险
		3. 人寿保险

① 双十原则是保险规划中的一个原则，适用于在解决温饱问题后，年收入仍有盈余，但这种盈余是非常"脆弱"的。一旦发生意外事故、重大疾病等，我们就可能会掏空家底，一夜之间返回赤贫的人群。其核心是：用 10% 的收入，获取 10 倍收入的保障。

续表

人生阶段	特点	所需保险
家庭成长期 （小孩出生至大学毕业）	收入进一步提高；家庭支出多样化	1. 意外伤害保险 2. 人寿保险 3. 医疗险；重疾险 4. 子女教育金保险
家庭成熟期 （子女独立至自己退休前）	负担最轻，储蓄能力最强	1. 医疗险；重疾险 2. 投资型保险
养老期 （退休后）	收入减少；消费降低；医疗保健支出增加	1. 养老保险 2. 医疗险

因此，李明根据目前家庭处在成长期的特征，认为应该考虑配备的险种包括意外伤害保险、人寿保险、医疗险和重疾险，以及子女教育金保险。

任务实训

从你的角度，对李明在表 3-7 中相应人生阶段所需保险排序的逻辑进行分析，并适当给予建议。

二、保险规划的核心

保险规划是从家庭的经济状况出发，结合相应的保险需求，选择合适的保险种类，确定合理的保险期限[①]和保险金额[②]，从而进行相应的保障。由于保险期限和保险金额均是保费的重要计算依据，而保费作为家庭的一项额外保障性支出，直接关系到家庭的剩余可支配收入，影响

---

① 保险期限也称"保险期间"，指保险合同的有效期限，即保险合同双方履行权利和义务的起讫时间。保险期限是计算保险费的依据之一。

② 保险金额是指一个保险合同项下保险公司承担赔偿或给付保险金责任的最高限额，即投保人对保险标的的实际投保金额。保险金额也是保险公司收取保险费的计算依据之一。

家庭生活质量，因此，保险规划应该在个人或家庭财务规划的基础上进行，充分考虑个人或家庭的经济实力，量力而行。综上，作为保险规划中最核心、最重要的环节之一，我们在确定保险期限和保险金额时，应根据家庭当前的收入支出及资产储备情况，做出相应安排。

保险金额的确定一般以保险标的的实际价值或经济价值为依据。财产险的保险金额很容易确定，可根据财产的实际价值或重置价值来确定。人身险的保险金额不好确定，人的价值无法用货币来计量，只能根据性别、年龄、收入水平等进行估算。这里介绍两种常用的估算人寿保险中保险需求金额的方法。

（一）生命价值法

生命价值是指个人未来收入或个人服务价值扣除个人衣食住行等生活费用后的资本化价值，此价值就是身故损失的估算值。在利用生命价值法进行实际估算中，可按以下步骤进行：第一步，估计被保险人以后的年收入，以及税收、本人生活费等支出；第二步，确定工作年限；第三步，选择合适的贴现率[①]，据以计算以后年收入在扣除税收、本人生活费等支出后的现金价值，此价值即为保险需求额度。

（二）需求分析法

需求分析法是通过计算未来可预期的家庭成员支出的累计现值来估算保险需求的方法。在实际估算中，可按以下步骤进行：第一步，估算家庭成员的所有经济需求[②]；第二步，估计家庭可预期的财务来源[③]；第三步，确定经济需求和财务来源之间的缺口[④]，该缺口即为当前的保险需求。

专栏阅读

投保越多，理赔就越多吗

保险金额是当保险事故发生时保险公司所赔付的最高金额，那么是不是可以通过多缴纳保费，设置更高的保险金额，从而获取更多的理赔呢？

要回答这个问题，我们需要先了解保险中的一个重要原则——损失补偿原则。损失补偿原则是指当被保险人发生损失时，保险人的补偿使被保险人的经济利益恢复到原来水平，被保险人不能因损失而得到额外的收益。

因此，并非投保越多，获得的理赔就越多。尤其在财产险中，因为真正理赔时，保险公司是按照财产的实际价值和损失程度确定赔偿金额的。所以在投保时，如果进行超额保险，即超过财产实际价值确定保险金额，只会浪费保费。与之类似的还有重复保险，即已经在某家保险公司投保了足额的保险，又在其他保险公司投保同样或相似的保险。最终在赔付时，各家保险公司只会按照自己承保的份额对实际损失进行分摊赔偿。

---

① 为了使估算尽可能准确，贴现率的选择要尽量保守，一般不宜超过5%。

② 经济需求可能包括：个人身后费用、高额医疗费用、遗属生活费用、子女教育费用、各类债务。在不同种类的保险中，具体的经济需求可能会有差异。

③ 财务来源一般包括：存款与其他可变现资产、各类保险给付、其他家庭成员的工资和投资性收入等。

④ 该缺口用公式表达即为：人寿保险需求=家庭保障需求总额-财务来源总额。当缺口大于0时，才有保险需求。

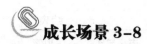

成长场景 3-8

保险金额需要多少

在明确了保险金额在保险规划中的重要性后，李明决定以人寿保险为例，对自己和妻子在当前阶段是否需要保险，以及需要的具体额度进行测算。由于人寿保险的目的是通过身故保险金的给付使那些在经济上依赖被保险人的人，在被保险人身故之后的生活依然可以保持与之前相当的水平，所以，这也就是确定自己和妻子人寿保险金额的基本原则。

以自己为例，首先，李明梳理出，若自己身故，那么家庭在未来的经济需求主要包括：个人身后费用、遗属（妻子、孩子）日常生活费用、子女教育费用及尚未还清的房贷。此外，即便自己身故，未来家庭也存在其他渠道的收入来源，如妻子的工作收入、投资理财收入、家庭当前的存款和其他可变现资产。所以，为了估算自己的人寿保险需求缺口，需要对以上所有项目逐一进行计算。为此，他整理出以下家庭财务信息。

自己今年 34 岁，妻子 33 岁，孩子 4 岁，上幼儿园中班。当前，自己每年工资奖金收入约 18 万元，妻子每年工资奖金收入约 9 万元。目前一家三口每年的基本生活支出约 15 万元[①]，孩子幼儿园阶段每年教育费用 3 万元。若自己打算保障至孩子大学毕业（21 岁），那么自己所需的保险金额到底为多少呢？目前情况如下：小学每年的学费约 1 000 元，初中每年学费约 4 000 元，高中每年学费约 8 000 元，大学每年学费约 12 000 元；资产方面，家庭目前有各类金融资产（含存款）约 25 万元；负债方面，剩余房贷 24 万元未偿还；预计未来自己与妻子的工资增长率等于通货膨胀率 3%，学费增长率大约为 4%。

1. 家庭未来的经济需求

在家庭未来的经济需求方面需重点计算妻子和孩子在未来 17 年全部的日常生活费用现值及孩子的教育费用现值。假设以 4% 作为财务贴现率，未来妻子和孩子的生活费用占现在一家三口基本生活费用的 70%，每一阶段的学费以第一年入学时为准，不会发生变化。那么至孩子大学毕业时，家庭生活费和孩子学费共需 1 758 170 元，具体如表 3-8 所示。

表 3-8　家庭未来生活费和孩子学费估算　　　　　　　金额单位：元

年份	家庭生活费	现值	孩子年龄/岁	教育阶段	未来学费	现值
0	105 000	—	4	幼儿园中班	30 000	—
1	108 150	103 990	5	幼儿园大班	31 200	30 000
2	111 395	102 990	6	小学一年级	1 082	1 000
3	114 736	102 000	7	小学二年级	1 125	1 000
4	118 178	101 019	8	小学三年级	1 170	1 000
5	121 724	100 048	9	小学四年级	1 217	1 000
6	125 375	99 086	10	小学五年级	1 265	1 000
7	129 137	98 133	11	小学六年级	1 316	1 000

[①] 采用第三章表 3-3 中的数据，但不包括孩子的教育费用。

续表

年份	家庭生活费	现值	孩子年龄/岁	教育阶段	未来学费	现值
8	133 011	97 190	12	初中一年级	5 474	4 000
9	137 001	96 255	13	初中二年级	5 693	4 000
10	141 111	95 330	14	初中三年级	5 921	4 000
11	145 345	94 413	15	高中一年级	12 316	8 000
12	149 705	93 505	16	高中二年级	12 808	8 000
13	154 196	92 606	17	高中三年级	13 321	8 000
14	158 822	91 716	18	大学一年级	20 780	12 000
15	163 587	90 834	19	大学二年级	21 611	12 000
16	168 494	89 960	20	大学三年级	22 476	12 000
17	173 549	89 095	21	大学四年级	23 375	12 000
现值合计		1 638 170	现值合计			120 000

再加上按照当前水平计算的个人身后费用 20 万元，以及尚未还清的房贷 24 万元，家庭在未来的所有经济需求共约 220 万元。

2. 家庭未来可预期的财务来源

在家庭未来可预期的财务来源方面需重点计算妻子在未来 17 年全部的工作收入现值和每年的投资收入现值。仍然假设以 4% 作为财务贴现率，每年能获取的投资收入约 4 000 元，并一直保持不变，那么至孩子大学毕业时，这部分收入来源共计 1 452 807 元，具体如表 3-9 所示。

表 3-9　妻子未来工资及投资收入估算　　　　　　　　金额单位：元

年份	妻子年龄/岁	工资	现值	投资收入	现值
0	33	90 000	—	—	—
1	34	92 700	89 135	4 000	3 846
2	35	95 481	88 278	4 000	3 698
3	36	98 345	87 429	4 000	3 556
4	37	101 296	86 588	4 000	3 419
5	38	104 335	85 755	4 000	3 288
6	39	107 465	84 931	4 000	3 161
7	40	110 689	84 114	4 000	3 040
8	41	114 009	83 305	4 000	2 923
9	42	117 430	82 504	4 000	2 810
10	43	120 952	81 711	4 000	2 702
11	44	124 581	80 925	4 000	2 598
12	45	128 318	80 147	4 000	2 498
13	46	132 168	79 377	4 000	2 402

续表

年份	妻子年龄/岁	工资	现值	投资收入	现值
14	47	136 133	78 613	4 000	2 310
15	48	140 217	77 858	4 000	2 221
16	49	144 424	77 109	4 000	2 136
17	50	148 756	76 367	4 000	2 053
现值合计		1 404 146		现值合计	48 661

再加上目前可变现的各类金融资产25万元,家庭在未来可预期的全部财务来源只有约170万元。

综上所述,李明计算出目前个人的保险需求缺口约50万元,即需要为自己配置人寿保险,保险金额应为50万元左右。

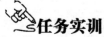

任务实训

参照李明的分析思路,请帮助李明的妻子程兰测算其是否需要购买人寿保险。

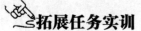

拓展任务实训

根据李明和妻子的保险规划,你认为在进行保险规划时需要注意什么?

本章关键词

　　财务自由、主动收入、被动收入、家庭收入支出综合表、价值投资、期货、期权、债券风险属性、风险转嫁、保险需求

本篇推荐阅读

[1] 龙红亮. 投资理财红宝书. 北京：中信出版集团，2021.

[2] 书签客. 手把手教你选出赚钱好基金. 北京：中信出版集团，2021.

[3] 香帅. 香帅财富报告：分化时代的财富选择. 北京：新星出版社，2021.

[4] 香帅. 钱从哪里来：中国家庭的财富方案. 北京：中信出版集团，2020.

[5] 三折人生. 躺着赚钱的漫画基金书. 北京：中信出版集团，2021.

[6] 香帅. 香帅金融学讲义. 北京：中信出版集团，2020.

职业金融篇

打开管理世界的大门

第四章

晋升必修课：懂管理

 **学习目标**

表 4-1 学习目标矩阵

节目录	场景构建	知识目标	技能目标	思维目标
第一节 从项目管理开始	一、何谓项目管理	项目管理知识体系	—	管理者思维
	二、项目时间管理：确保进程无误	项目时间管理知识体系	项目时间管理	时间管理思维
第二节 做好一名项目经理	一、项目经理做什么	项目经理能力体系	有效沟通	管理者思维
	二、项目经理的领导力	项目经理领导力模型	领导力训练	领导力思维

成长前情提要

　　毕业后的第三年，李明便和程兰组建了小家庭，随着两人职业的发展和家庭财富的积累，两人迎来了一个健康可爱的宝宝，开心之余他们也需要从财富的积累上为家庭更多地考虑。现在，从家庭场景切换到李明的职业发展场景，将时间线往回调一调……

　　今年是李明工作的第九个年头！

　　这些年，李明带团队负责了几个电气工程项目的设计，其中一个还获得了优秀工程勘察设计奖。再加上之前积累了三项技术专利，他已经有资格申请高级职称的认定了，于是他赶在今年 5 月之前把职称评定资料准备好，提交给了公司内部的职称评审委员会。7 月，李明收到了评定结果：通过。至此，李明在专业发展上，实现了从中级职称向高级职称的转变，正式成了一名高级工程师。同期有 12 个人提交了高级职称评定的申请，只有 3 个人通过，这几年的竞争越来越激烈，职称评定也越来越严了。

　　10 月初，部门领导把李明单独叫进办公室，进行了一次比较深入的谈话，内容主要围绕他今后的职业发展展开。部门领导的意思是，在专业业务能力基础上，比较认可李明的综合协调能力，李明如今被评为高级工程师，希望他从技术岗转至管理岗。李明一开始不太有信心，觉得自己没有任何管理经验，但在听了领导全面的分析和长远的建议后，他决定尽力一搏！

　　从领导办公室出来后，回想这些年的经历，李明很感谢自己在工作后不久便开始规划职业发展。正因为有了相对清晰的规划，才有这一年又一年的持续提升，如此，在这样一个关键的节点，自己才能把握住机会！

"从技术岗转管理岗，以后便不再仅仅和业务、技术人员打交道了，还要和更多的人打交道，以自己目前的知识储备应该是不足以应对的。新的职业阶段肯定会有新的挑战，需要新的规划和新的学习，但认真踏实以对，总能处理好的！"想到这，李明的心也安定了下来。

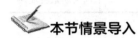

第一节　从项目管理开始 ↓

本节情景导入

月初和领导谈完话之后，10月底便收到了公司的任命通知，李明被正式提拔为公司电气一所的副所长。任命刚下，李明便被通知加入王洋的项目组，以项目副经理的角色配合王洋，从设计到全周期负责一个体量比较大的电气工程项目。以前，李明主要参与和负责工程设计部分，如今要全方位参与整个项目的经营和管理。

在和领导谈完话之后，李明又进一步自学了更多项目管理的内容，对如何进行项目经营和管理也有了更深入的认识。但他深知，从理论到更广泛而深刻的实践，还有很长的路需要走。

一、何谓项目管理

当今世界复杂多变且充满不确定性，这就需要我们善于应对变化。项目管理究其本质，是一种基于战略方向，组织开拓创新和应对变化的学问，其目的在于调配各方资源，让它们在短时间内形成合力，完成项目目标。因此，卓越的项目管理能力已成为企业和职场人士的竞争力，而且是一种核心竞争力。

项目管理，从字面上来理解就是"对项目进行管理"，当然这只是其最初的概念。随着项目及其管理实践的发展，项目管理的内涵也得到了充实和发展。现在我们所讲的项目管理一般是指为达到项目目标，项目负责人和项目组织运用系统理论和方法，对项目进行全过程和全方位的策划、组织、控制、协调的总称。项目管理具体涵盖五大阶段（启动、计划、实施、监控以及收尾）和九大内容体系（见表4-2）。

表4-2　项目管理体系

序号	体系分支	体系描述	交付成果
1	项目整体管理	是为了正确地协调项目各组成部分而进行的各个过程的集成。其核心是在多个互相冲突的目标和方案之间做出权衡，以满足项目各利害关系者的要求	项目总章程 项目总计划
2	项目范围管理	是确保项目完成规定要做的工作，最终成功地达到项目目标。基本内容是定义和控制列入项目的事项	工作分解结构
3	项目时间管理	保证在规定时间内完成项目	项目进度计划
4	项目成本管理	保证在不超过预算的前提下完成项目。基本内容是成本估计、成本预算、成本控制等事务	项目预算
5	项目采购管理	为了从项目组织外部获取货物或服务	项目采购计划
6	项目人力资源管理	为了保证有效地运用项目参加者的个人能力	项目组织架构

续表

序号	体系分支	体系描述	交付成果
7	项目沟通管理	保证项目信息及时、准确地提取、收集、传播、存贮以及最终进行处理，即在人、思想和信息之间建立联系，这些联系对于项目取得成功是必不可少的	项目沟通机制
8	项目风险管理	需要识别、分析不确定的因素，并对这些因素采取应对措施	风险应对计划
9	项目质量管理	为了保证项目能够满足原来设定的各种要求	项目质量控制图

二、项目时间管理：确保进程无误

项目时间管理也可以称为项目进度管理，是指在项目实施过程中，对各阶段的进展和项目完成最终的期限所进行的管理，其目标是保证项目能在满足时间约束条件的前提下实现总体目标。

具体来说，项目时间管理是指根据项目的进度目标，编制经济合理的进度计划，并据以检查项目进度计划的执行情况。如果发现实际执行情况与计划进度不一致，相关人员就要及时分析原因，并采取必要的措施对原项目进度计划进行调整或修正。可见，项目时间管理是项目管理中至关重要的环节。因为在项目管理中，时间是重要的约束条件之一。时间进度牵涉项目范围、成本和质量等方面，如果项目不能在计划的时间内完成，会带来很大的不良影响，科学合理的项目时间管理是项目成功的有力保障。在项目进行过程中，进度问题是最普遍和突出的问题之一，所以，项目进度管理是项目经理和项目管理者十分关心的话题。

项目进度表用以描述项目各项活动间的逻辑关系，以及进度安排和资源配置，是项目时间管理的常用工具。制作项目进度表有不同的工具，甘特图便是常用的工具之一。

专栏阅读

一个简单又好用的时间管理工具

甘特图，又称横道图或者条状图，直观、易懂，常用于项目进度管理。在20世纪初，人们就开始探索如何有效地管理项目。第二次世界大战前夕，甘特图已经成为军事项目计划和控制的重要工具，至今这种工具仍然是管理项目的常用工具。甘特图的横轴表示时间，纵轴表示要安排的项目，然后以横线来表示每个项目的起止时间，便于管理者弄清项目的剩余任务，评估工作进度。

在使用甘特图的过程中，查看任务的进度，可以对计划的和实际的开始日期、完成日期进行比较，以及检查每项任务完成的百分比，从而跟踪任务的完成进度。

常见的甘特图绘制工具有微软出品的通用型项目管理软件 Microsoft Project 和通用办公软件 Excel 等。

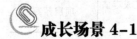

成长场景 4-1

用时间统筹人、事、物

明天上午 10 点，项目组会召开第一次会议，这既是项目的正式启动会议，也是探讨分工安排的会议，由王洋主持。为了更好地相互配合，王洋约李明今天上午9点提前沟通一下本次项目的工作安排。

李明对王洋的印象是业务能力强，善于组织协调，他虽然只比自己年长四五岁，但现在已经是电气一所的正所长，据说明年还会再被提拔。王洋的业务能力自不必说，很早就取得了注册电气工程师、一级建造师等专业证书，且已有六七年作为项目负责人的经验，负责的项目都如期顺利交付，关键是团队成员之间相处融洽，哪怕只是在项目上合作过一次的同事，对王洋的评价都很高。王洋有如此扎实的专业储备和丰富的管理经验，在职场上的发展自然顺利，听说他还在攻读管理学方向的在职硕士。所以，作为项目副经理，跟王洋共事，李明心里是有些期待的，认为肯定会收获颇丰。

走进办公室后，王洋并没有直接和李明沟通项目上的事情，先随意地聊了聊在公司与他们都有交集的人、事、物，如李明之前的直系领导和王洋共同负责过多个大项目，是老搭档了；李明之前拿奖的那个设计项目的委托方，是王洋现在手头上的另一个项目的委托方；等等。聊完这些后，李明很自然地谈到了自己在从技术岗转管理岗这个过渡阶段面临的挑战，对此王洋也分享了一些自己的心得和体会。

一盏茶的工夫过后，两人才回到现在的工作上来。对于相关的项目资料，李明之前已经拿到，有所了解，现在还不清楚的是项目组的成员情况。

✍ 任务实训

➤ 你觉得王洋为什么一开始并没有直接和李明聊与项目相关的工作？你如何评价这"一盏茶工夫的闲聊"？

"这个项目体量不小且是总承包，设计和实施是一体的，只不过由我们设计项目组负责牵头，设计完成后再和施工部的同事对接，在施工阶段也需要设计项目组的人员配合。工程量大，且时间也很紧张，目前设计项目组加上我和你一共有8个人。前期设计完成后，至少需要3个人在施工阶段继续跟进。"顿了顿后，王洋问道，"那你在分工上有没有什么想法？"

"这是我第一次全周期参与项目的经营和管理，因此希望能全流程跟进。不过具体安排肯定还是得综合考虑项目的整体情况。"

"这个项目体量不小，且周期紧张，还涉及跨多个部门的沟通协调，因此进度管理是一项重要的工作。你具体负责进度管理，统筹整个项目的进度，并在后期带团队跟进项目施工。这样一来，你既能全流程参与，还能全方位跟进项目管理的工作。"

之前李明参与和负责的只是工程设计部分的工作，仅站在设计的层面上赶设计图的工期，沟通与协商也只限于技术板块，很少接触技术之外的整个项目的统筹规划与管理协调。但他最近在自学项目管理的相关内容，了解了甘特图，刚好可以实践。他对这个有一定挑战的分工很满意。

随后，两人根据项目的工作内容和时间进度等整体工作要求和人员配备情况，对本次项目的分工做了初步的讨论。当天下班前，李明便把初步完成的项目进度计划表发到了王洋邮箱，不一会儿就收到了王洋的回复：明天上午开会讨论分工和进度时，有可能需要根据每个成员自身的时间安排有所调整。

任务实训

➢ 在编制项目进度计划时，需要考虑的因素有哪些？

第二天上午 10 点，会议正式开始。王洋先对本次项目从背景、周期以及人员配置三大维度进行了全面的介绍，接着便由李明牵头重点讨论分工和进度。果然，在探讨具体工作交接的时间节点时，小王就提到一个情况：他之前参与的一个项目在交付阶段出现了意外，现在需要紧急再修改，必须在两周内完成，所以现在他需要完成上一个项目的设计修改方案后才能参与到这个项目的具体工作中来。

对这个意外情况，设计项目组讨论后最终找到了一个解决方案——王洋会带小张和小孙先做一部分小王的初稿设计工作，等小王回归项目后，小王负责的工作参照进度计划应该能完成三分之一。小王接手后再赶一赶进度，这样整体进度最多比预期的慢一周左右。李明心想：还好之前做计划的时候有预留半个月左右的弹性时间以应对突发状况。

会议结束后，李明回去调整了之前的项目进度计划表，并发在了项目工作群里，如此项目便正式开工了。

任务实训

➢ 你觉得在编制项目进度计划表时为了更好地应对突发状况，可以从哪些方面去做准备？

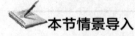

拓展任务实训

➤ 请自行搜集和整理信息，了解甘特图的制作原理。

➤ 以甘特图的制作为例，制作项目进度计划表的步骤有哪些？

➤ 请组队参加"挑战杯""双创赛"等针对大学生群体的创新和创业类比赛，并将该比赛的全流程工作准备作为一个项目，利用甘特图制作项目进度计划表进行项目进度管理。

第二节　做好一名项目经理　↓

本节情景导入

自项目启动以来，李明与王洋两人带领着团队成员各司其职，积极与委托方沟通并协调各部门人员有效推进项目，每次都能赶在关键节点前提交高质量的设计稿。耽搁了半个月后回归项目的小王接手设计工作后，也按照之前的计划赶上了进度。

在由李明汇总的设计稿完成校对、审核、审定三个环节后，工程设计阶段的工作也开始收尾，接下来的工作重点是与公司内部的施工部门对接。看着计算机里满满当当的文件夹，李明不禁感慨：要想把项目管理好，还真得事无巨细！项目经理需要时刻确认项目进度，工作内容确实比以前复杂，好在目前项目进展顺利，和施工方对接完成，算是迎来了阶段性的胜利。

可是没过几天，意外情况便发生了……

一、项目经理做什么

项目管理以个人负责制为基础，项目经理就是项目的负责人，有时也称为项目管理者或项目领导者，可以定义为由执行组织委派，领导团队实现项目目标的个人，主要负责项目的组织、计划和实施的全过程，以保证项目目标的成功实现。

要成为一名优秀的项目经理，首先要清楚了解项目经理的角色和责任，从而完成相应的工作。

项目经理作为项目的负责人，其责任是在规定的范围、时间、成本和质量等约束条件下完成项目可交付成果。项目经理是项目团队对外的关键责任点，一般来说其职责应该包括以下几个。

（1）组建和管理项目团队；（2）领导项目计划编制工作；（3）指导项目按计划执行；（4）按照项目计划，监督项目执行工作，发现实际执行情况与计划偏离时开展必要的变更工作，如采取纠偏措施或调整计划；（5）预测和控制项目风险；（6）与项目干系人保持密切沟通，做好干系人管理工作；（7）组织项目收尾工作，进行项目交付等。

项目经理作为项目的管理者，有管理者的角色特点，具体而言，项目经理需要扮演的关键角色如表4-3所示。

表 4-3　项目经理角色

序号	角色	角色功能
1	规划者	项目的成功需要恰当而全面地定义整个项目，所有项目干系人全部参与，所需资源能及时获取，以及为妥善执行和控制项目而设计的流程要落实到位，这些工作都需要项目经理做好规划
2	组织者	项目经理需要对整个项目进行组织和把控，通过分解工作和安排进度，确定项目工作的完成顺序、完成时间、完成成本
3	联络员	项目经理是负责项目对内、对外所有口头和书面交流的核心联系人
4	监督者	项目经理需要根据项目计划持续评估项目进展情况，制定必要的整改措施，并审查项目实施阶段和项目交付阶段的工作质量
5	协调者	项目经理需确保持有不同观点的项目干系人和团队成员能达成共识，齐心协力实现项目目标
6	风险管理者	项目经理需要不断地识别风险并提前制定相应措施来应对风险事件
7	教练员	项目经理需确定每位团队成员所扮演的角色，并寻找方法激励团队成员，提升团队成员技能，并就他们的个人表现及时给予建设性的反馈意见

二、项目经理的领导力

项目经理能力模型（即3+2模型）为：知识能力+绩效能力（硬技能）+个人能力（软技能）+行业能力+组织能力。《项目经理能力发展框架》一书在"个人能力"模块中列出了六个较为重要的能力，其中之一便是"领导力"。

提及"领导"，很多人会认为这代表的是有地位或者职级、有权力的人，因此领导力应该是领导具备的能力，如果不是领导则不需要。但在项目管理中，很多项目经理是需要跨职能部门进行项目管理的，不可以也不可能仅依靠职权带领团队。因此，该如何理解项目经理的领导力呢？

简单理解，领导力即带领团队实现目标。美国领导力学者彼得·G. 诺斯豪斯（Peter G. Northouse）撰写的《领导学：理论与实践》是一本较为流行的领导力教材，其中对领导力的定义是："一个个体影响一群个体取得一个共同目标的过程。"

带领团队实现目标，涉及领导行为的两个基本维度：任务行为（实现目标）与关系行为（带领他人）。领导力的行为和风格研究，大多数围绕这两个维度展开。这两个维度是领导力研究中达成的为数不多的共识（尽管使用的名称有时不同，如有时也被称为工作导向与员工导向）。根据这一理解可画出领导力模型，如图 4-1 所示。这个模型包括领导者、追随者/团队成员、目标三个要素以及三个要素之间的相互作用。另外，该模型中还可以加入环境要素，环境对领导行为有着重要的影响。

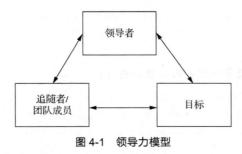

图 4-1　领导力模型

这一模型揭示了领导力的以下特性。

（1）领导力的本质是责任。任何团体都有问题需要解决，都有目标需要实现，带领团队实现目标不是领导者的个人愿望，而是出于社会团体生存和发展的需要。

（2）领导力的本质是行动，而非职位。领导力是带领团队实现目标，尽管常常是有职位的人在做，但其实人人都可以做。因此，领导力并不取决于职位。

（3）领导力的本质是行动，而非能力。能力的侧重点是"有没有"，领导力的侧重点是"做没做"。

（4）领导力是过程。带领团队实现目标不是一蹴而就的，而是一个过程。这个过程涉及领导者、追随者和目标的互动。不仅领导者和追随者在互相影响，目标也可能在这个过程中被领导者和追随者改变，同时反过来影响领导者和追随者。

 成长场景 4-2

用有效沟通化解项目意外

王洋召开项目组内部会议，一是梳理项目在设计阶段的收尾工作及其安排，二是确定接下来跟进施工阶段的项目组成员。讨论后，最终确定由李明带小王和小孙跟进施工阶段，具体工作由李明牵头。

会议结束后，李明和小王、小孙商量先聚焦设计工作的收尾，两周后由小王和施工部的同事沟通工程实施的进度。

一天，李明正在规划与施工部的对接安排，突然一阵急促的电话铃声响起，接通电话后只听见小王着急的声音："明哥，突发意外！刚刚和施工部的同事沟通才得知，最近公司启动的项目多，现在施工部全部团队的日程都排满了。我们这个项目的设计和实施方案虽然有报备给施工部，但因为没有和他们提前沟通具体工作安排，现在排工期的话需要等到下下个月底，也就是两个月之后才有施工团队对接我们这个项目。"

这个情况确实有些出乎李明的意料，按照之前的了解，在报备之后提前半个月和施工部对接是没有问题的，这段时间他也在忙设计流程的工作，没想到遇上项目施工高峰期。但现在还有半个月就能完成项目设计审查，绝不能等到两个月后才安排施工。意外带来的一时混乱并没有影响李明的状态，他一边在脑子里高速思考应对之策，一边沉稳地让小王拿一张目前施工部的项目排班表回来。

拿到小王带回来的施工部目前的项目排班表后，李明便放下手里的工作，对比手头上这个项目的进度安排，思考解决方案。

任务实训

➤ 是什么原因致使李明现在面临这个意外？

➤ 李明在应对突发意外时的状态如何？

李明在仔细对比后发现，还真有可操作的空间。施工部一组现正在负责一个工程的收尾工作，预计一个月之内就能正式结束上一个工程。下一个工程的安排却是在三个月之后，李明打探后才知道原来是因为这段时间施工部一组计划完成以往项目的一些整改工作，并且组里其他人员和时间配置都是相当宽裕的，可以腾出一部分工作人员。同时施工部三组的工程预计在两个月后收尾，下一个工程在四个月之后。李明盘算着：能否协调一组和三组的时间来配合动工呢？如果可以，那问题就迎刃而解了。

李明把初步解决方案汇报给王洋之后，也得到了他的支持。虽然施工部的相关同事可能会因此面临更多的工作量，但该问题的出现，也与施工部有一定的关系，毕竟之前项目方案通过后有报备给他们。刚好三组的组长和王洋在其他项目上有过多次合作，于是两人商量，王洋先和三组的组长沟通情况，询问其意见，随后李明把这个情况以书面的形式汇报给领导，由领导出面和施工部的领导沟通和协调。

经过近一周的沟通和汇报，问题得到了解决。三组的组长答应提前抓进度，在半个月之内交接好相关工作给副组长，然后带部分团队对接王洋和李明所负责项目的施工规划，等一组全部工作收尾后，再正式动工。同时在一组的下一个项目启动后，三组的工程刚好完成，便能继续接手后续的施工工作。如此一来，李明所在的项目团队在半个月之内完成设计定稿后，就能如期与施工团队交接了。

任务实训

➢ 在本次意外情况的处理过程中，李明扮演的角色有哪些？

➢ 在向领导汇报和说明情况时，你觉得李明为什么会选择用书面的方式进行沟通？

➢ 请梳理和总结书面沟通与口头沟通两种沟通方式的特征及其适用场景。

拓展任务实训

➤ 请从任务行为（实现目标）和关系行为（带领他人）两大维度评价王洋和李明在本次面临意外时的表现和处理方式。他们本次的表现和处理方式对你以后的工作和生活有什么启发？

➤ 请进一步阅读《项目经理能力发展框架》，梳理并总结要想成为一名优秀的项目经理，除了领导力，还应具备哪些能力？

➤ 你觉得"项目管理"与"公司管理"的区别是什么？

本章关键词

管理岗、管理者、项目管理、进度管理、甘特图、时间管理、项目经理、有效沟通、领导力、书面沟通、口头沟通、公司管理

第五章
管理必修课：懂财务

学习目标

表 5-1 学习目标矩阵

节目录	场景构建	知识目标	技能目标	思维目标
第一节 财务与管理	一、财务之于管理意味着什么	财务基础知识体系	—	财务思维
	二、财务分析入门	财务分析知识体系	财务报表分析	财务思维
第二节 无处不在的成本管理	一、成本估算基础	成本估算知识体系	成本估算应用	成本管理思维
	二、编制成本计划	成本计划知识体系	编制成本计划	

成长前情提要

和王洋搭档负责的项目已经顺利交付。在过去的一年里，李明确实积攒了很多经营和管理经验，尤其是在进度管理和沟通管理这两个方面。

在项目的复盘与总结会议结束后，王洋和李明又单独聊了一会儿，王洋拍了拍李明的肩，说道："你现在既然选择了管理岗，就需要增加自身的经验储备。在管理这个领域，很多知识都是通用且可自学的，但要想在管理上有长足发展，还必须涉及财务领域，而这是有一定的专业门槛的。我专门攻读的在职硕士就是财务领域的。"

这晚，李明把家里的事情忙完后照例坐在书桌前准备看书，却突然想起前段时间和王洋搭档的经历。为了更好地适应从技术岗到管理岗的转变，其实李明私下已买了项目管理相关的书籍自学，这也是他负责第一个项目便能与王洋默契配合并按时保质完成项目的原因。

但在自学过程中，他发现书中有一部分内容涉及成本管理，而这完全是李明的盲区，因此对这一部分内容他总会跳过不管，且在项目中涉及成本管理的工作也都是王洋负责的。但今天王洋却专门建议他好好学一学。

于是，李明放下手里的管理学书籍，在购物平台上买了几本财务入门级的书籍。

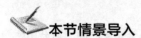

本节情景导入

一转眼，李明转管理岗已有三年。在这几年里，他以项目副经理的身份负责了三个设计和施工一体的工程项目。随着最后一个项目的收尾，李明又想起了王洋之前对他说的话："想要在管理上有长足发展，还必须涉及财务领域"。

截至目前，在项目管理各个模块中，李明最为陌生的便是成本管理，虽然尝试自学，但由于没有任何知识储备，所以自学起来相当困难。其实在负责第二个项目时，他尝试基于自学的财务知识参与成本管理的相关工作，可在跟着项目经理一起参与和预算部的同事、领导探讨和汇报项目财务、成本预算的会议中，确实跟不上思路，更别说负责相关工作了。

因此在最后一个项目结束后，李明向领导申请放缓工作的节奏，打算攻读 A 大的非全日制 MBA。

一、财务之于管理意味着什么

财务从字面含义理解即理财事务。在市场经济条件下，个人、家庭、企业乃至国家，都不可能回避财务问题。究其根本，财务主要涵盖了资金运动和财务关系两大方面。资金运动指的是融资、投资等涉及资金流入和流出的安排，而财务关系则指所有权关系、债权债务关系、税务关系等经济关系。

因此，财务管理[①]就是按照既定的目标，通过协调、决策、计划、控制、分析等手段，合理组织资金运动、正确处理财务关系的一种管理工作。与其他管理不一样的地方在于，财务管理是以价值为支撑而具有广泛综合性的管理，是以利益为焦点而具有整体协调性的管理，是以效益为中心而具有全局决策性的管理。它以其特有的性能，在当今企业的经营和管理系统中处于中心地位，是企业生存和发展的关键。

 成长场景 5-1

财务入门之"是什么"

经过一年的准备，李明顺利通过笔试和面试，在今年 9 月正式入学了。看着新学期的课表，算着开学的时间，他满心期待！"公司治理""战略管理""管理经济学""财务管理""金融投资分析"这些都是自己需要系统学习的。

这个周末的课程是财务管理，是李明最为关心的专业课，因此李明一早便来到学校，在座位上坐定，翻开教材浏览了起来。

上课铃声响后，授课老师便直奔主题："在座的各位，想必在各行各业已有一定成就，但在财务管理这个领域，可能我的储备更丰厚，因此在这堂课上大家可以叫我一声'张老师'。我会随时关注你们的上课反馈，尽可能把这门课程设计得更契合你们的需求。"

"财务管理，简单理解即通过财务这个维度或者视角来实现管理。所谓管理，就是'做什么'或者'怎么做'，但在'做'这一逻辑环节之前，我们还得明白'是什么'和'怎么样'。其实很好理解，一件事情，如果我们都不知道是什么、处于什么样的状态，又怎么能马上去做呢？例如，我们手头上有一个项目，现在需要对这个项目进行成本管理，但是，项目的成本是什么，目前项目的成本是多了还是少了，处于什么样的状态？如果对这些信息都不清楚，又何

---

① 财务管理的专业内容体系主要包括融资/筹资管理、投资管理、营运资金管理和利润分配管理四大方面。其中，融资管理主要关注融资方式或融资途径及其资本成本；投资管理主要关注投资收益和投资决策；营运资金管理主要关注成本费用管理和现金流入流出的平衡；利润分配管理主要关注利润分配政策和各项财务关系。

谈'成本管理'！因此，在开启财务管理的专业学习之前，咱们还得补补课，共同学习有关财务基础的相关课程。"

听到这，李明松了一口气！一开始他还有些担心，MBA 的课程毕竟是研究生阶段的课程，因此课程体系和内容的设置肯定是有一定门槛和难度的，而自己对这个领域完全零基础，所以会担心跟不上。没想到张老师会如此细心地考虑到这种情况。

"第一节课就先来解决'是什么'的问题。现在，我们一谈到'财务'，大部分人马上就会联想到'财务报表'，其实，这种快速联想是有一定的道理的。"

"财务报表，就是对企业财务状况、经营成果和现金流量的结构性表述。其主要有三大报表：资产负债表、利润表和现金流量表。这三大报表中也包括了全部财务会计的要素：资产、负债、所有者权益以及收入、费用和利润。总的来说，财务报表是会计核算①的最终综合呈现，因此，我们首先便要熟悉财务报表——知道财务报表'是什么'，并学会看财务报表，即知道财务报表呈现的财务信息'怎么样'。"

"首先，我们来看资产负债表，这张表反映的是企业在某个特定的时间节点上的财务状况，如某一年年底的财务状况。其涵盖的会计要素②有'资产''负债'和'所有者权益'。它是根据资产、负债、所有者权益之间的相互关系，并按照一定的分类标准和一定的顺序，把企业一定日期的资产、负债、所有者权益（或股东权益）各个项目予以适当排列而编制成的会计报表。"

"具体格式，大家可以看 PPT 上面的简表（见表 5-2）。"

张老师话音未落，李明的注意力便被投影上的简表吸引了过去。

表 5-2　资产负债表（主要项目）

资产	期初余额	期末余额	负债和所有者权益	期初余额	期末余额
流动资产：			流动负债：		
货币资金			短期借款		
交易性金融资产			交易性金融负债		
应收票据			应付票据		
应收账款			应付账款		
应收款项融资			预收款项		
预付款项			合同负债		
其他应收款			流动负债合计		

① 会计核算是指以货币为主要计量单位，通过确认、计量、记录和报告等环节，对特定主体的经济活动进行记账、算账和报账，为相关会计信息使用者提供决策所需的会计信息。会计核算方法则是对会计对象（会计要素）进行完整的、连续的、系统的反映和监督所应用的方法，主要包括设置会计科目等七种方法。

② 会计要素是对会计对象所做的基本分类，是会计核算对象的具体化，是用于反映会计主体财务状况和经营成果的基本单位，分为反映企业财务状况的会计要素和反映企业经营成果的会计要素，《企业会计准则》将会计要素界定为六个，即资产、负债、所有者权益、收入、费用和利润。

续表

资产	期初余额	期末余额	负债和所有者权益	期初余额	期末余额
存货			非流动负债：		
合同资产			长期借款		
流动资产合计			应付债券		
非流动资产：			长期应付款		
债权投资			递延所得税负债		
其他债权投资			非流动负债合计		
长期股权投资			负债合计		
其他权益工具投资			所有者权益（或股东权益）：		
投资性房地产			实收资本（或股本）		
固定资产			资本公积		
在建工程			其他综合收益		
无形资产			资本公积		
商誉			盈余公积		
长期待摊费用			其他综合收益		
递延所得税资产			未分配利润		
其他非流动资产			股东权益合计		
非流动资产合计					
资产总计			负债和所有者权益总计		

任务实训

➤ 在表 5-2 中，期末余额和期初余额对应的数值代表的是什么？

➤ 在表 5-2 中，资产项下包括的会计科目有哪些？各个资产科目的含义是什么？

> 在表 5-2 中，负债项下包括的会计科目有哪些？各个负债科目的含义是什么？

拓展任务实训

> 为什么在资产项下，"货币资金"科目在"存货"科目之前？

> 为什么在负债项下，"短期借款"科目在"长期借款"科目之前？

> 资产项下各个科目的排列依据是什么？负债项下各个科目的排列依据是什么？

> "资产=负债+所有者权益"是非常重要的一个会计恒等式，请根据这一恒等式谈谈资产负债表科目之间的数量逻辑。

"接着，我们再来看利润表。这个表又称损益表或收益表，反映的是企业在一定时期的经营成果，如某一年度内的经营成果。注意，资产负债表反映的是某个时间节点的财务状况，而利润表反映的是某一年度的经营成果。财务状况主要是指资产有多少、负债有多少等，而经营成果主要是指企业在某一年度内有多少盈利。所以，利润表涵盖的会计要素是'收入''费用''利润'。"

"利润表编制的依据是'收入-费用=利润'这一会计恒等式。具体格式，大家可以看 PPT 上面的简表（见表5-3）。"

张老师话音未落，大家的注意力又被投影上的表格吸引了过去。

表 5-3　利润表（主体部分）

项目	本期金额	上期金额
一、营业收入		
减：营业成本		
税金及附加		
销售费用		
管理费用		
研发费用		
财务费用		
其中：利息费用		
利息收入		
加：其他收益		
投资收益		
公允价值变动收益		
信用减值损失		
资产处置损失		
资产处置收益		
二、营业利润		
加：营业外收入		
减：营业外支出		
三、利润总额		
减：所得税费用		
四、净利润		

任务实训

➢ "营业利润"这一科目的含义是什么？"营业利润"和"利润总额""净利润"的区别是什么？

> 在表 5-3 中，营业利润的数值是怎么计算得出的？净利润的数值是怎么计算得出的？

"最后还有一张重要的报表，便是'现金流量表'。但由于课堂时间有限，对现金流量表基础内容的学习就是本次的课后作业！好啦，今天的课程就结束了，下次再见。"张老师话音刚落，下课铃声便响了起来。

✍ 拓展任务实训

> 现金流量表的作用是什么？

> 请熟悉现金流量表的结构，并在此基础上总结现金流量表反映的内容都有哪些。

> 有人认为"资产负债表是企业的'底子'，利润表是企业的'面子'，而现金流量表是企业的'日子'"。请谈谈你对这句话的理解。

二、财务分析入门

管理依赖于评价，而评价建立在分析的基础上。

所谓财务分析，即以财务报表及其他相关资料为依据，采用一系列专门的分析技术和方法，对企业等经济组织的偿债能力、盈利能力和营运能力等状况进行分析与评价，从而为报表使用者的经济决策和经营管理提供财务信息支持的一种分析活动。

通过财务分析，我们可以评价企业的经营业绩，判断企业的经营现状、财务实力，并进一步分析其经营活动中的问题，挖掘其成长潜力，寻求提高企业经营管理水平和经济效益的途径，并预判企业的发展趋势。因此，对企业的财务进行分析和评价，是管理者的必备技能。

财务分析的主体主要是与企业存在现实或潜在的利益关系的主体，如企业所有者、企业债权人、经营管理者、政府职能机构和其他与企业有利益关系的主体。不同的主体出于不同的目的进行财务分析，其关心的内容侧重点也不同。

财务分析主体分类及其侧重点见图 5-1。

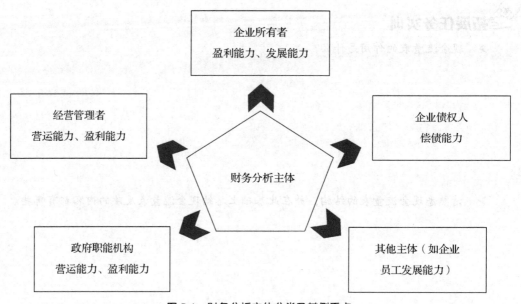

图 5-1　财务分析主体分类及其侧重点

企业所有者，即企业的股东，主要关注企业的盈利能力[1]、发展能力[2]等，以了解企业当前和长期的收益水平、风险水平、市场地位、财务状况等。

企业债权人，即借款给企业并得到企业还款承诺的主体，可分为两大类：一类是提供商业信用的赊销商，另一类是为企业提供融资服务的金融机构。其主要关注企业的偿债能力[3]，了解企业需要额外筹集资金的原因、企业还本付息所需资金的来源、企业对于以前的短期借款和

---

[1] 盈利能力是指企业获取利润的能力，也称为企业的资金或资本增值能力，通常表现为一定时期内企业获取收入/利润数额的多少及其水平的高低。

[2] 发展能力，是指企业扩大规模、壮大实力的潜在能力，又称成长能力。

[3] 偿债能力，又称还款能力、偿还能力，是指企业用其资产偿还长期债务与短期债务的能力，分为短期偿债能力和长期偿债能力。

长期借款是否按期偿还以及企业将来在哪些方面还需要借款等。

企业经营管理者是指被所有者聘用的，对企业进行经营管理的主体，有时称为"管理当局"。他们主要关心企业的盈利能力和营运能力[①]，目的是基于分析和分析后的评价，改善经营管理。

政府职能机构也是企业财务分析的主体，包括税务部门、工商部门等。其进行财务分析是为了履行监督管理的职责。

成长场景 5-2

财务进阶之"怎么样"

虽说才上了不到两个月的课，但李明觉得时间过得好快，每天都有大量的专业内容需要理解，忙碌程度不亚于工作。下半年以来，李明已经向部门领导申请放缓工作节奏了，因此在工作上并没有太多事情，便把重心和精力都放到了学习上，但即便这样李明还常常觉得时间不够用。

这个周末又有张老师的财务管理课。李明现在对财务与金融领域越发感兴趣。本次课程的内容偏实务应用，于是他早早来到教室，坐等上课。

铃声响起，张老师开门见山："之前给大家讲到管理就是'做什么'或者'怎么做'，但在'做'这一逻辑环节之前，我们还得明白'是什么'和'怎么样'。继上一次'是什么'财务基础的专题课程后，今天的课程专题便聚焦'怎么样'，即我们要学会对财务进行分析和评价。"

"怎么进行财务分析与评价呢？大家重点掌握两个方面：其一是信息依据和资料来源，即我们通过搜集和整理什么样的信息和资料来对财务进行分析和评价。"

"那当然是财务报表了！"坐在李明后排的一个学生脱口而出。

"不错！财务报表是企业财务情况的综合呈现，因此在对财务进行分析和评价的时候，财务报表一定是我们需要重点关注的资料。大家听说过'财务报告'吗？'财务报告'与'财务报表'就一字之差，是一回事儿吗？"看着大家频频摇头，不给更多思考的时间，张老师紧接着说道："对，肯定不一样！那它们的区别是什么呢？这些资料应该如何搜集呢……因为课堂时间有限，这些问题都作为课后练习抛给大家，你们课下去了解，下堂课时我再请同学来分享。"

看着台下学生认真做笔记的模样，张老师笑着继续引导："请大家再想一想，一个企业所处的行业环境和宏观环境对其经营和财务会不会有影响？我们在对企业财务进行分析的时候，是不是也需要关注所处的行业环境和宏观环境呢？"

虽然大家都没有系统学过财务，但都在企业里待过数年，所以对这一问题大家回答得毫不含糊："当然有影响，需要关注。"

"因此，在我们对财务进行分析与评价的时候，财务报表的数据和信息是我们分析的首要资料，但除此之外企业所处的行业环境和宏观环境，包括企业自身的经营环境也是需要关注的。"在下课铃声响起前一秒，张老师进行了最后的总结。

---

① 营运能力是指企业的经营运行能力，即企业运用各项资产以赚取利润的能力。

拓展任务实训 1

➤ 我们能搜集到所有公司的完整的财务报表吗？搜集公司财务报表等资料的渠道有哪些？

➤ 财务报告与财务报表的区别是什么？

拓展任务实训 2

➤ 请搜集万科企业股份有限公司最新的完整财务报表。

➤ 请搜集和整理行业分析的框架逻辑和方法，并尝试对我国房地产行业的发展进行分析。

短短的五分钟休息过后，上课铃声一响，张老师又开始上课了："两个方面中的另一个方面则是用合适的方法来分析和评价。中医诊断有'望闻问切'四诊法，那财务分析呢？"

在大家思考不得解时，张老师缓缓道来："其实，在大学的专业课程体系里，'财务分析'或'财务报表分析'也是一门独立的课程，课程内容涉及对宏观环境、行业环境、企业经营环境以及财务报表的分析，而分析的方法也有很多，因此仅用几节课是难以解释清楚财务或者财报分析的。在这节课，我们聚焦财务报表，分享一些简单又好用的分析方法，便于大家快速掌握财务分析和评价。

"财务分析方法中的财务比率分析法，既简单又好用。大家掌握一套财务比率后，结合财务报表的相关数据进行套用，便能对财务进行相对全面的分析了。

"财务比率分析法是通过对财务报表中若干重要科目的相关数据进行相互比较，计算出相关的财务比率，用以分析和评价企业财务能力的一种方法。企业财务能力主要有偿债能力、营运能力、盈利能力三大能力。

"偿债能力是指企业用其资产偿还短期债务与长期债务的能力，可分为短期偿债能力和长期偿债能力。短期偿债能力指标主要有流动比率[①]、速动比率[②]、现金比率[③]；对于长期偿债能力比率，大家重点掌握资产负债率[④]即可。

✍ 任务实训

➢ 在短期偿债能力指标中，你觉得最能体现企业偿还实力的指标是哪个？为什么？

➢ 为什么速动资产里不包含"存货"？

---

① 流动比率反映企业运用其流动资产偿还流动负债的能力。一般认为将其保持在 2：1 左右是比较适宜的，但这只是一个经验数据。

② 速动比率是指速动资产与流动负债的比率，其中 "速动资产"是指可以及时地、不贬值地转换为可以直接偿债的货币资金的流动资产，即在流动资产的基础上剔除存货。通常认为，一个企业的速动比率为 1：1 是比较合适的，但这也只是一个经验数据。

③ 现金比率是指企业现金与流动负债的比率，反映企业的即时变现能力。

④ 资产负债率也称负债比率或举债经营率，是指负债总额与全部资产总额之比，用来衡量企业利用债权人提供资金进行经营活动的能力，反映债权人发放贷款的安全程度。这一比率是衡量企业长期偿债能力的指标之一，一般认为保持在 50% 左右是合适的。

> ➤ 你觉得现金比率计算公式中的"现金"记入三大报表里的哪个项目最为合适？

"大家基本掌握偿债能力的相关比率之后，一起来应用于实际吧。"张老师话音刚落，投影上便出现了一张报表（见表5-4）。

表5-4 某公司资产负债表 单位：万元

项目	20×2-12-31	20×1-12-31	20×0-12-31
流动资产：			
货币资金	1 169 000.00	1 364 000.00	1 254 000.00
交易性金融资产	—	3 708.00	9 552.00
衍生金融资产	1 988 000.00	2 855.00	923.90
应收票据及应收账款	138 400.00	87 380.00	85 130.00
应收款项融资	256 100.00	209 700.00	282 300.00
预付款项	45 920.00	31 290.00	23 960.00
其他应收款合计	3 342.00	1 473.00	1 591.00
其中：应收股利	61.51	—	—
应收利息	—	—	—
存货	427 700.00	278 800.00	240 800.00
合同资产	11 510.00	785.50	—
一年内到期的非流动资产	110 300.00	—	4 454.00
其他流动资产	93 820.00	156 200.00	230 900.00
流动资产合计	2 258 080.00	2 136 190.00	2 133 610.00
非流动资产合计	937 500.00	655 800.00	696 100.00
资产总计	3 195 580.00	2 791 990.00	2 829 710.00
流动负债：			
短期借款	276 200.00	203 000.00	159 400.00
拆入资金	30 000.00	3 000.00	10 000.00
应付票据及应付账款	766 200.00	530 300.00	669 400.00
其中：应付票据	407 400.00	214 300.00	252 900.00
应付账款	358 800.00	316 000.00	416 600.00
预收款项	—	—	82 260.00
合同负债	155 100.00	116 800.00	—

续表

项目	20×2-12-31	20×1-12-31	20×0-12-31
卖出回购金融资产款	7 466.00	4 750.00	20 750.00
应付职工薪酬	34 670.00	33 650.00	34 310.00
应交税费	22 300.00	23 010.00	37 040.00
其他应付款合计	67 630.00	23 790.00	27 130.00
其中：应付利息	—	—	—
应付股利	23.67	69.87	7.079
一年内到期的非流动负债	12 550.00	—	—
其他流动负债	624 100.00	643 800.00	651 800.00
流动负债合计	1 969 220.00	1 582 100.00	1 692 090.00
非流动负债	145 700.00	38 590.00	13 560.00
负债合计	2 114 920.00	1 620 690.00	1 705 650.00
股东权益合计	1 079 000.00	1 169 000.00	1 120 000.00
负债和股东权益总计	3 193 920.00	2 789 690.00	2 825 650.00

任务实训

➤ 请计算该公司 20×0—20×2 年的流动比率。

➤ 请计算该公司 20×0—20×2 年的速动比率。

➤ 请计算该公司 20×0—20×2 年的资产负债率。

> 基于所计算的财务比率，请评价该公司的偿债能力。

"营运能力是指企业的经营运行能力，即企业运用各项资产以赚取利润的能力。营运能力比率主要包括应收账款周转率[①]、存货周转率[②]和总资产周转率[③]等。

任务实训

> 你觉得在评价企业营运能力的时候，需要关注和分析的报表有哪些？

> 为什么计算存货周转率时，分子采用"营业成本"而非"营业收入"？

> 从一家企业业务经营的角度来看，资产负债表和利润表的关系是什么？

---

① 应收账款周转率就是反映企业应收账款周转速度的指标，它说明一定期间内企业应收账款转为现金的平均次数。其计算公式为应收账款周转率=营业收入/平均应收账款余额。

② 存货周转率又名库存周转率，是企业一定时期营业成本（销货成本）与平均存货余额的比率，用于反映存货的周转速度。

③ 总资产周转率是企业一定时期的销售收入净额与平均资产总额之比，它是衡量资产投资规模与销售水平之间配比情况的指标。

"那我们再结合下一张表，一起来应用与分析。"张老师说完便将一报表（见表 5-5）呈现在了投影之上。

表 5-5 某公司利润表 单位：万元

利润表	20×2年	20×1年	20×0年
营业总收入	1 897 000.00	1 705 000.00	2 005 000.00
营业总成本	1 635 000.00	1 463 000.00	1 707 000.00
营业成本	1 423 000.00	1 242 000.00	1 435 000.00
利息支出	5 232.00	3 044.00	1 106.00
手续费及佣金支出	81.58	51.63	60.34
税金及附加	10 770.00	9 646.00	15 430.00
销售费用	115 800.00	130 400.00	183 100.00
管理费用	405 100.00	36 040.00	379 600.00
研发费用	629 700.00	60 530.00	589 100.00
财务费用	−226 000.00	−19 380.00	−242 700.00
其中：利息费用	175 200.00	10 880.00	159 800.00
利息收入	424 200.00	37 080.00	369 800.00
其他经营收益			
加：公允价值变动收益	−581.30	2 002.00	2 283.00
投资收益	5 221.00	7 130.00	−2 266.00
其中：对联营企业和合营企业的投资收益	515.90	353.100	−209.800
资产处置收益	621.20	294.60	491.10
资产减值损失（新）	−6 062.00	−4 663.00	−8 429.00
信用减值损失（新）	−1 510.00	1 928.00	−2 794.00
其他收益	8 322.00	11 640.00	9 361.00
营业利润	266 800.00	260 400.00	296 100.00
加：营业外收入	1 543.00	2 872.00	3 457.00
减：营业外支出	2 845	2 174	598 100.00
利润总额	268 000.00	263 100.00	293 500.00
减：所得税	39 710.00	40 300.00	45 250.00
净利润	228 290.00	222 800.00	248 250.00

注：表中数据差异是四舍五入导致的。

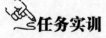

任务实训

➢ 请计算该公司 20×0—20×2 年的应收账款周转率。

> ➤ 请计算该公司 20×0—20×2 年的存货周转率。

> ➤ 请计算该公司 20×0—20×2 年的总资产周转率。

> ➤ 基于所计算的财务比率，请评价该公司的营运能力。

"盈利能力是指企业获取利润的能力，也称为企业的资金或资本增值能力。评价盈利能力的财务指标主要有毛利率[①]、净利率[②]和净资产收益率[③]。我们根据刚才的报表数据再一起来分析和评价该公司的盈利能力。

任务实训

> ➤ 请计算该公司 20×0—20×2 年的毛利率。

[①] 毛利率是毛利与销售收入（或营业收入）的百分比，其中毛利是营业收入和与收入相对应的营业成本之间的差额。毛利率用公式表示：毛利率=毛利/营业收入×100%=（营业收入-营业成本）/营业收入×100%。

[②] 净利率是指经营所得的净利润占营业收入的百分比，能综合反映一个企业或一个行业的经营效率。

[③] 净资产收益率（简称 ROE），又称股东权益报酬率，是净利润与平均股东权益的百分比。

➢ 请计算该公司 20×0—20×2 年的净利率。

➢ 请计算该公司 20×0—20×2 年的净资产收益率。

➢ 基于所计算的财务比率，请评价该公司的盈利能力。

"到这，相信大家对财务分析应该有基本的认识了。在这留一个问题给大家，如果一家公司的资产负债率高达 80% 甚至 90%，我们是否就能直接认定该公司的偿债能力很弱呢？"

看到有学生点头，张老师微笑着摇摇头："如果这家公司是银行呢？你们觉得银行的偿债能力很弱吗？"

话音刚落，下课铃声便响了起来。这真是一节干货满满的课，李明觉得还需要结合财务报表消化和理解才行。

✍ 拓展任务实训

➢ 在用财务比率分析法对公司的财务情况进行分析和评价时，需要注意的事项有哪些？

> ➢ 请对万科企业股份有限公司最近三年的财务报表进行分析。

第二节　无处不在的成本管理 ↓

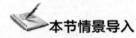**本节情景导入**

　　转眼即将入冬，李明在职硕士的第一学期，不知不觉已近尾声。回头看这一路的学习历程，先不说金融投资分析、管理经济学等专业课程，就财务管理这一门课，从财务基础到财务分析，再到投资决策、融资决策等领域的学习，让李明从一个新的视角审视自己的职业、规划自己的发展。

　　而这个周末的课程是成本管理，成本管理在财务管理中占据重要地位，对项目管理来说也至关重要。之前李明在项目上的管理工作就卡在这里了，想到这，李明庆幸自己选择了跨专业和领域进行系统学习。

一、成本估算基础

　　成本管理是为使成本控制在计划目标之内所做的估算、计划、控制、核算、分析和考核等管理工作。

　　项目成本管理的目的是确保在批准的预算内完成项目，具体要依靠成本估算、成本预算、成本控制、成本分析四个环节来完成。每一个环节都相互重叠和影响，成本估算是成本预算的依据，成本预算是成本控制的基础，而成本分析是进一步完善成本控制的前提。

　　工程项目[①]相比于其他项目有其财务独特性。一般而言，工程项目是通过招投标竞争获得项目承包权，经过谈判最终与项目发包人签订工程合同，合同一旦签订就确定了项目的合同价款，所以承包人的经济利益只能在项目完成过程中通过成本控制来实现。另外，施工项目是一次性的活动，在施工期间，项目成本能否降低、经济效益目标能否实现都取决于承包者对项目的管理。

---

　　① 项目是一个专门组织为实现某一特定目标，在一定约束条件下，所开展的一次性活动或所要完成的一个任务，以形成独特的产品或服务。工程项目是指在一定的约束条件下，以形成固定资产为目的的一次性活动或任务。工程项目不仅具有一般项目的特点，而且还具有特殊性，主要表现在工程项目实体和生产过程两个方面，具体为：工程项目实体的单件性、空间的固定性，以及工程项目生产过程的流动性、连续性，且建设周期长、受环境影响大等。

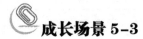

成长场景 5-3
厘清项目成本类别

临近年底，事情开始多起来。一方面，李明要忙日常工作，另一方面临近期末，有很多作业和考试要应对。李明今早睡过了头，等赶到教室时都已经上课了，他赶紧找了一个后排的位置坐下。

"今天的课程内容按照进度安排，应该是财务管理专业内容体系下的成本管理专题。但据了解，咱们班的同学大部分都是理工生，因此，对于成本管理的内容，我们就先不放在企业经营和管理这个场景下讲解，而是贴合大家的职业场景，先补充讲解工程项目场景下的成本管理。"

教室里瞬间响起了掌声，张老师笑着看着大家，继续说道："其实，不管是对企业而言还是对工程项目而言，成本管理的基本原理是相通的。大家回想一下，成本放在三大报表中的哪张报表里？"

"利润表！"马上有同学答道。

"对的，是利润表。因此，成本管理的目的之一是提高利润或者收益。大家再想，费用[①]其实就是企业或者项目实际的开支，是不是会涉及现金的流出？所以，除了利润表，与成本紧密相关的另一张表则是现金流量表。因此，对成本进行管理的另外一个目的则是实现现金的收支平衡。"

"而工程项目，有其财务的特殊性。大家都知道，工程项目在招投标流程中便确定了合同价款，因此收入是既定的。所以承包主体的收益只能在项目完成过程中通过成本控制来实现，对于工程项目而言，在保证质量的前提下进行成本管理和控制的首要目的是提高利润、增加收益。"

任务实训

➢ 请总结，进行成本管理的两大目的是什么。

"怎么进行成本管理和控制呢？得有成本管理和控制的参考标准或者目标，对不对？就像我们之前在财务基础专题课中跟大家提过的，既然是为了提高利润，那么把成本、费用都直接砍掉，是不是就可以了？能这样简单粗暴地操作吗？"

看着同学们频频摇头，张老师娓娓道来："当然不能直接砍掉成本、费用！因为一些成本和费用是业务或者项目运作的必要开支。例如，如果全都砍掉销售费用，业务根本无法开展。因此，成本管理的第一步，便是要制作'成本地图'，知道项目的成本类别，在此基础上再去思考哪些成本可以压缩，哪些成本不可以压缩。"

---

① 费用作为一个重要的会计要素，包括营业成本、税金及附加、销售费用、管理费用等。

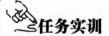
任务实训

➢ 请大家结合自己的专业背景，了解专业项目所涉及的成本都有哪些类别。

"我们刚刚谈到，对成本进行管理是有目标或者参考标准的，即我们在项目实施过程中需要对标计划成本来安排相关成本。怎么确定计划成本呢？那就是成本预测或者成本估算。

"大家不要把事情想得太复杂，什么叫成本预测或者成本估算？简单理解就是大概算一算。以旅行为例，你们简单估算一下，在出行时间和人数都一样的情况下，在省内旅行的费用和去国外旅行的费用是一样的吗？"

"肯定不一样，交通费就差很多！"有同学脱口而出。

张老师笑着点点头，说道"这位同学的回答就把成本预测的基本逻辑点出来了——基于项目所产生的成本类别来大致计算所有的成本和费用。只是在具体的项目中，为了精确地确定项目所产生的成本类别，会用到一个专业的方法——'项目分解结构（WBS）[①]'，即通过对工程的细分来确定项目所需的所有的直接成本和间接成本。"

拓展任务实训

➢ 请详细了解项目分解结构（WBS），厘清这一方法的基本逻辑。

➢ 可以从哪些维度对项目进行分解，以相对精准地确定所有的成本？

---

① 项目分解结构（WBS）以可交付成果为导向，对项目要素进行分组。它归纳和定义了项目的整个工作范围，每下降一层代表对项目工作的更详细定义。项目分解跟因数分解是一个原理，就是把一个项目，按一定的原则分解，分解成任务，再将任务分解成一项项工作，再把一项项工作分配给每个人，直到分解不下去为止，即项目→任务→工作→日常活动。

二、编制成本计划

项目成本计划是在完成了项目成本估算后，对项目所需成本总额做出了合理估价的前提下，为了确定项目实际执行情况的基准而把整个成本分配到各个项目阶段和各个工作单元上去的指导性文件。成本计划是项目建设全过程中进行成本控制的基本依据，是项目成本管理的重要环节，是实现项目成本目标的保障。

在项目全过程管理的各个阶段，从项目的策划到实施，随着项目成本管理主体的不同，成本计划的内容也有所不同。

以工程项目为例，从项目的设计到实施，成本计划的内容主要有限额设计成本计划及施工成本计划。

设计阶段的成本计划是由设计单位通过限额设计做出的，要求不能突破此前投资估算所允许的资金范围。限额设计指的是按批准的可行性研究报告中的投资估算及设计任务书控制初步设计，按批准的初步设计总概算控制施工图设计，把本阶段的费用限额先行分解到各专业，然后再分解到各专业的单位工程和分部工程。各专业在保证使用功能的前提下，按分配的费用限额控制设计，并严格控制设计阶段的不合理变更，以保证总投资限额不被突破。

工程项目施工成本管理从工程投标报价开始，直至项目竣工结算完成为止，贯穿项目实施的全过程。施工成本计划则是以货币形式编制施工项目在计划期内的生产费用、成本降低率以及为降低成本所采取的主要措施和规划的书面方案。工程项目进入实施阶段后，其成本计划是一个不断深化的过程，在这一过程的不同阶段形成深度和作用不同的成本计划，主要有竞争性成本计划[1]、指导性成本计划[2]和实施性成本计划[3]三类。

 成长场景 5-4

成本计划的编制方法

"在厘清项目成本类别，对项目成本有了初步估算之后，接下来就要学习项目成本管理最为核心的一个环节了，编制成本计划。

"怎么编制成本计划呢？其实，'估算'就已经是'编制'的开始了。因此，首先给大家介绍的一个编制方法是按成本构成分解的方法编制计划，该方法的逻辑与估算相通。这个方法的核心就是根据项目的不同阶段，来分解成本类别。

"接下来以工程项目为例，详细介绍成本计划的编制。在项目的设计阶段，项目成本可按单位工程分解为土建和安装部分，并细分为建筑、结构、装饰设计、给水排水、电气、采

---

① 竞争性成本计划，即工程项目投标及签订合同阶段的估算成本计划。这类成本计划是以招标文件中的合同条件、投标者须知、技术规程、设计图纸或工程量清单等为依据，以有关价格条件说明为基础，结合调研和现场考察获得的情况，根据本企业的工料消耗标准、技术和管理水平、价格资料和费用指标，对本企业完成招标工程所需要支出的全部费用的估算。在投标报价过程中，虽也着力考虑降低成本的途径和措施，但总体上较为粗略。

② 指导性成本计划，即选派项目经理阶段的预算成本计划，是项目经理的责任成本目标。它以合同标书为依据，按照企业的预算定额标准制订的设计预算成本计划，且一般情况下只确定责任总成本指标。

③ 实施性成本计划，即项目施工准备阶段的施工预算成本计划，它是以项目实施方案为依据，以落实项目经理责任目标为出发点，采用企业的施工定额，通过施工预算的编制而形成的成本计划。

暖设计等专业。然后我们按照限额设计程序，根据各专业进行详细的费用分解，编制设计阶段的费用计划。

"在工程项目的实施阶段，我们可将建筑工程施工成本按建筑安装成本构成分解为人工费、材料费、施工机具使用费、企业管理费和措施项目费等，并据此成本分解进行施工成本计划的编制。不过，要注意的是，由于建筑工程和安装工程在性质上存在较大差异，施工成本的计算方法和标准也不尽相同，因此，在成本分解时往往就建筑工程成本和安装工程成本分别进行，按建筑工程成本构成分解的施工成本如图 5-2 所示。

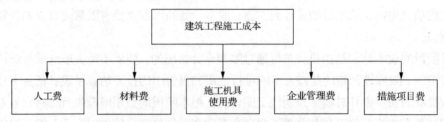

图 5-2　按建筑工程成本构成的施工成本分解示例

"刚才按照不同阶段的成本类别来分解进而确定成本计划。我们知道，工程项目是由一个或若干单项工程构成的，每个单项工程又由若干单位工程构成，而每个单位工程又由若干分部工程构成，每个分部工程又由若干分项工程构成。因此，在编制成本计划前，也可以按项目的组成来确定成本目标，然后按项目组成分解的方法编制成本计划。

"首先，将项目总成本目标分解到各单项工程中，形成各子项目总成本目标；再以各子项目为独立个体，将总成本目标分解到各单位工程中，形成各单位工程成本目标；其次，将各单位工程成本目标分解到各分部工程中，形成各分部工程成本目标；最后，还要将各分部工程成本目标进一步分解到各分项工程中，形成费用最小组分单元目标。逻辑如图 5-3 所示。"

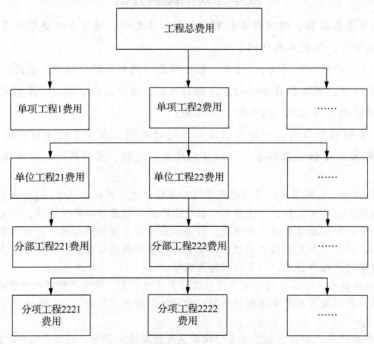

图 5-3　按项目组成进行成本分解

任务实训

➤ 用分解的逻辑编制成本计划时，应注意哪些事项？

➤ 除了以上两种编制方法，还有哪些方法可以用以编制成本计划？其原理是什么？

拓展任务实训

➤ 项目成本控制即在项目实施过程中，参照成本计划对成本进行合理控制。请进一步搜集和整理信息，了解成本控制的方法有哪些。

➤ 请基于工程项目的成本管理场景，谈谈你对"财务，究其根本主要涵盖了资金运动和财务关系两大方面"的理解。

本章关键词

财务管理、财务分析、财务报表、财务指标、成本管理、成本估算、成本计划、WBS

本篇推荐阅读

[1] 莫琳·希凯. 深度思考：不断逼近问题的本质. 南京：江苏凤凰文艺出版社，2018.

[2] 肖祥银. 从零开始学项目管理. 北京：中国华侨出版社，2018.

[3] 李治. 不懂项目管理，你还拼职场. 北京：北京联合出版公司，2020.

[4] 郭致星. 极简项目管理. 北京：机械工业出版社，2020.

[5] 肖星. 一本书读懂财报. 杭州：浙江大学出版社，2022.

[6] 项目管理协会. 项目经理能力发展框架. 北京：电子工业出版社，2020.

[7] 刘靳. 财务报表分析从入门到精通. 天津：天津科学技术出版社，2020.

创业金融篇

实现从 0 到 1

第六章

创业准备

学习目标

表 6-1　学习目标矩阵

节目录	场景构建	知识目标	技能目标	思维目标
第一节 创业选择	一、挖掘项目的培育优势	项目优势体系	创业优势分析	辩证思维
	二、创业利弊分析	马斯洛需求层次理论	不同需求视角下的创业利弊分析	
第二节 创业条件检查	一、创业能力成熟度模型	创业能力成熟度评价指标体系	创业条件评价	风险管理思维
	二、创业的难关：资金	创业资金来源体系	创业资金盘点	

成长前情提要

　　回顾十余年职场生涯，李明不断努力着，从助理工程师一步步成长为高级工程师，并实现了从技术岗到管理岗的转型，在职级上也从一个普通员工被提拔为电气所所长。其间，他拿到了不少含金量高的专业证书和奖项，还顺利完成了 MBA 的学业，在学历上也有了进一步的提高。

　　经过这些年的积淀和储备，李明各方面的能力都得到了极大的提升。但是，李明近两年也隐隐感觉自己在职业发展上没有进一步晋升空间了，而且日复一日的管理和工程工作在逐渐磨灭他的热情。前两年被提拔为所长后，李明感觉自己有了进一步升职的瓶颈。

　　未来还会如此前一般充实而有价值吗？自己又该如何破局呢？李明想到了自主创业。

　　其实，早在即将大学毕业的时候，李明就有想过创业之事。当时，他通过学校举办的各类讲座，听说过不少企业家的创业故事，也看到过一幅幅创业成功的美好图景。但奈何创业过程中不只有美好，还有数不尽的挑战。李明当时没有能力更没有勇气去面对不确定的未来，那么现在呢？在有了一定的物质基础和更强的风险承受能力之后，可否尝试自主创业？

　　李明没有将自己的想法立刻告诉妻子，因为他深知创业的风险与艰难，要不要让家庭陪着自己一起去冒险？值不值得走出现在的舒适圈去寻梦……这些都是李明需要深思熟虑的问题。

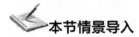

第一节 创业选择 ↓

本节情景导入

自从之前创业的想法在脑子里一闪而过之后，李明心里就无法平静了。迈过 35 岁，自己已近不惑之年，年龄不小了且工作还算安稳，要不要去面对从 0 到 1 的挑战呢？孩子今年上小学，父母也已退休，程兰现在也是学校的管理骨干，虽然工作繁忙但还能兼顾家庭。

当前的生活已经很好了，如果选择创业面临的风险之一便是可能打破目前家庭的舒适与安稳。但从另一面来看，创业或许可以再次点燃自己对事业的热情并激发自己更大的潜力，还可能为家庭带来更多的物质保障。李明的内心纠结着……

最后，李明决定和程兰沟通，一起理智地从各个角度对创业所需要考虑的诸多问题进行讨论。

一、挖掘项目的培育优势

所谓项目的培育，即对项目进行孵化，其核心就是使科创成果转化为产品。一般而言，我们可以从内部和外部两个维度来对项目的培育优势进行思考。

以理工类专业为例，项目培育的内部优势包括三个方面：一是借助实验室平台的创业实践训练，这是在校时期拥有的优势；二是专业知识的可视化程度较高，即大多数理工项目最终都可转化为产品或技术进行输出，这也是理工项目的核心；三是专利技术的加持，申报技术或产品专利可以使项目具有更高的价值。

项目培育的外部优势主要来自国家或行业层面的政策支持。在国家扶持的创业领域中，少不了对科技和技术的需求，这也为理工项目的创业成功提供了良好的外部条件。

专栏阅读

国家对科技创业的政策支持

近年来，我国科技服务业快速发展，规模总量逐步扩大。科技服务业专业化、市场化发展趋势明显，研究开发、技术转移、检验检测、创业孵化、知识产权、科技咨询、科技金融等领域涌现一批第三方服务组织，科技服务业产业结构不断优化。总的来看，科技服务业发展呈现"快、新、高"三大特点。

自 2021 年以来，创新创业氛围较为活跃的地区涌现了近百家新型孵化器。这些新型孵化器各具特色，产生了新模式、新机制、新服务、新文化，集聚融合各种创新创业要素，营造了良好的创新创业氛围，成为科技服务业的一股重要新兴力量。这些孵化器大致可分为以下五种类型。

一是投资促进型。这类孵化器针对初创企业急需解决的资金问题，以资本为核心和纽带，聚集天使投资人、投资机构，依托平台吸引汇集优质创业项目，主要为创业企业提供融资服务，并帮助企业对接配套资源，从而提升创业成功率。

二是培训辅导型。这类孵化器侧重对创业者的创业教育和培训辅导，以提升创业者的综合能力为目标，充分利用丰富的人际关系，邀请知名企业家、创投专家、行业专家等作为创业导师，为企业开展创业辅导。

三是媒体延伸型。这类新型孵化器是由面向创业企业的媒体创办的，利用媒体宣传的优势为企业提供线上线下相结合（包括宣传、信息、投资等各种资源在内）的综合性创业服务。

四是专业服务型。这类新型孵化器依托行业龙头企业建立，以服务移动互联网企业为主，提供行业社交网络、专业技术服务平台及产业链资源支持，协助优质创业项目与资本对接，帮助互联网行业创业者成长。

五是创客孵化型。这类孵化器是在互联网技术、硬件开源和 3D 制造工具基础上发展而来的，以服务创客群体和满足个性化需求为目标，将创客的创意转化为现实产品，为创客提供互联网开源硬件平台、开放实验室、加工车间、产品设计辅导、供应链管理服务和创意思想碰撞交流的空间。

 成长场景 6-1

创业背景优势分析

在关于是否选择创业这个问题上，李明此前只知道这是一项极具挑战性的事——不确定性极大，成功的概率也不高。谨慎的性格让他第一眼看到的始终是创业带来的风险，虽然深知高风险伴随着高收益，但还是顾虑颇多。李明又想到，作为一名电气工程专业背景的理工生，又在 MBA 阶段学习过不少关于管理和决策的课程，那么，结合专业背景，多角度去看待一个事物并进行分析才是一种学以致用的实践。

于是，结合自己的专业背景和这些年的工作经历，李明梳理出以自己专业为背景的项目培育优势。

李明在大学时期就参加过全国大学生创新创业大赛，当时和商学院的几个同学一起合作完成的一个作品还获得了"本科生创意组"铜奖。除此之外，在大学的最后一个学年，还跟着一位专业老师一起参与过一个工程项目的设计与研发。虽然当时作为学生并没有过多参与核心工作，但也算为后来的工作打下了坚实的基础。所以，在评定高级工程师之前，他就已经将一些创新与设计转化成了产品进行输出，另外针对还未进行外在成果转化的创新产品也已经获得了专利，想必这对日后的创业也会有所帮助。李明之前带着团队一起负责设计的电气工程项目，还获得了优秀工程勘察设计奖。

 拓展任务实训

请结合李明的经历，从自己的专业背景出发，思考如何在学生时代为自己积累创业项目的培育优势。

在梳理完内部的培育优势后，李明对当前国家或行业对创业支持的相关政策进行搜集整理。这个工作看似简单，但稍做了解后李明发现，这并不是一件容易的事。

一方面，虽然从国家整体的宏观层面来讲，我国对科学技术的创新创业是极力支持的，如在建立研发中心、申报高新技术企业或产品、创建科技企业孵化器、升级改造技术或设备等方面，都有不同力度的资金支持，但具体到不同的城市或地区，差异很大。

另一方面，结合自己的专业——电气工程项目设计，李明发现这个专业的应用领域非常广泛。这看起来会使今后的创业之路非常宽广，但不同的应用场景在创业层面的政策支持也会有较大不同。

所以，如果未来真的要走上创业之路，他还需要结合这些具体问题进一步考量。

拓展任务实训

请结合李明的思考，选择一个具体的方向进行创业准备，并完成以下两个训练。

➢ 搜集并整理当地对自主创业的宏观及行业政策。

➢ 结合你的创业方向，思考其是否具备相应的项目培育政策优势。

二、创业利弊分析

创业是将"0"变成"1"的过程，是一个"创造性破坏"的过程。就个人而言，其本质就是将科研能力转化为价值商品，是一种创新性的创造活动。

从经济学的角度来说，创业者相对于企业员工承担着更大的风险。因为创业者使用自己的本金或信用来进行投资，一旦创业失败，其本金和信用将会严重受损，而员工由于只是让渡劳动力并定期获得固定工资，所以即便创业者创业失败，员工也只是暂时离开工作岗位，并且也有一定的收入积累。正因为如此，创业者也享有创业成功的最大收益，一旦成功，将获得更多的物质财富，具有更大的上升空间，进而突破单纯就业的收入瓶颈和职位天花板。

除此之外，创业者还可以减少就业中的约束感，获得更多自由，按自己的节奏工作。

专栏阅读

用马斯洛需求层次理论看创业选择

马斯洛需求层次理论是由美国心理学家马斯洛从人类动机的角度提出的需求层次理论。马斯洛强调人的动机由人的需求决定,而在不同时期,占据主导地位的需求是不同的。人的需求从低到高分为五个层次,分别为:生理需求、安全需求、归属与爱的需求、尊重需求和自我实现需求。

生理需求是指人类为了维持基本的生存所需要满足的要求,如吃饭、喝水、穿衣、睡眠、健康等方面的需求。生理需求是最基本、最根本的需求。

安全需求是指人类对于安全、秩序、稳定及免除恐惧、威胁与痛苦的需求。人类解决了生理需求之后,就产生了安全需求,如人身安全、财产安全等需求。在这个阶段,人类开始有了更高的追求——房子、车子、工作、存款等。

归属与爱的需求是指对与他人建立联系的需求。归属需求是指人类需要在某个组织或者群体中获得认可,并且有归属感,希望成为群体的一员,大家相互关心和照顾。爱的需求是指人类都希望获得亲情、友情和爱情等。人是群居动物,需要和其他人关系融洽,收获各种情感。

尊重需求主要是指成就、名声、地位、升职等需求。它包括自我价值体现,也包括他人的尊重和认可。

自我实现需求是最高层次的需求,是指实现个人理想、抱负,最大限度发挥个人的能力,完成与自己能力相称的一切事情。也就是说,人必须干称职的工作,这样才会感到最大的快乐。马斯洛提出,为满足自我实现需求所采取的途径是因人而异的。自我实现需求是在努力挖掘自己的潜力,使自己逐渐成为自己所期望的人物的基础上而实现的。

从以上角度来说,创业与否与人当前的状态有关。例如,对物质基础相对薄弱的人群来说,生理需求和安全需求或许是需要首要满足的两种需求,在这个阶段,相对于创业,就业更能提供稳定的收入来源和基本的生活保障。在就业过程中,人们能逐渐提高个人见识,借助就业平台积累工作经验,提高个人能力,从而被接受、被认可,以及被需要,至此,归属与爱的需求和尊重需求便得到满足。最高级别的自我实现需求,或许可以留给创业来实现。现实中不少创业者的创业初心中,都包含着自我价值的实现和满足。

所以,关于是否选择创业,除了考虑社会经济发展的外部条件和依据个人能力与优势所形成的内部条件,还需要结合自身的状态进行综合考虑。

成长场景 6-2

需求如何满足

李明从专业背景出发,从客观角度分析了自己创业的优势所在,发现在电气工程专业的相关项目培育方面,确实有一定的可行空间。但是,最终到底要不要创业绝不能仅凭此来决定，因为创业过程中最重要的就是"人"，从某种程度上说，人的作用或许相较于一些外在的客观因素会更加重要。但人往往是主观的，对于同一个客观事实，不同人的主观感受或反应可能存在较大差异。例如，创业者在工作中受到的约束较少，拥有更多自由，这是一个客观事实，但在偏好按部就班的人看来，或许这并不是一个有吸引力的地方。

于是，李明与程兰商量，决定与她共同对创业的利弊做出分析，再综合大家的意见共同决策。

一周后的某个傍晚，两人在散步途中聊天。

"老公，我想了想，我觉得以后如果有好的创业机会你可以去试试。上次校友聚会后，你不是还跟我说一位校友开了一个工作室，做得还不错嘛！"

"是啊！但是在前些年他很不容易。他本来找了一个合伙人，那个人还打算带一些大客户过来。但后来合伙人家里出了一些事情，一时没办法拿出那么多钱来入伙，加上家里的事情也是一团乱麻，无法顾及工作室的工作。"

"那后来呢？这个工作室怎么开起来的？"

"后来他拿出了自己的全部家底才勉强凑够了创业资金。那段时间他一心扑在工作室的事情上，就怕赔钱。后来合伙人给他介绍了一些客户，这才让工作室有了起色。"

"创业确实不容易！"

"是啊，创业有风险。我去创业，若成功了当然好，可一旦失败，可能影响咱家的生活质量！"

"没事，如果你真决定了要走这条路，咱们可以好好规划一下，保障以后的基本生活。多年来你的兴趣一直在设计上，你有那么多好的创意和想法，被埋没了多可惜啊！"

"你可真说到我心里去了，有时候我还真觉得挺被束缚的，要是真能啥事都自己说了算，那我也算是圆梦了。"

"每个人都应该去做自己喜欢的事，只有让工作成为乐趣，才能有更好的发展。所以，不管你怎么决定，我跟孩子肯定支持你！"

……

任务实训

➢ 请从李明和妻子的聊天中，梳理出二人所看到的创业的利弊各有哪些，并帮他们补充其他利弊。

> ➢ 结合马斯洛需求层次理论，分析李明一家现在的主要需求，并说明理由。

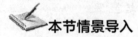

第二节　创业条件检查 ↓

本节情景导入

　　在和妻子进行深入交谈后，李明很庆幸能有这样无条件支持自己追梦的家人，正是家人这份毫无保留地付出，让李明认识到需要对未来每一步的决策慎之又慎。所以，即便自己具备相应的创业优势，家人也对创业这个想法给予支持，但毕竟创业风险是巨大的，创业的过程也是艰难的，他不清楚自己现在到底是不是真的具备了创业的条件（不仅是物质条件，还有其他各方面的能力条件）。如果欠缺某些条件，自己该如何调整和改变？选择是一回事，而实现又是另外一回事，所以对这些关于"行不行"的问题他需要进一步评估和考量。

一、创业能力成熟度模型

　　创业是一项系统性、长期性的工程，也是一个从不成熟走向成熟的过程。创业能力成熟度模型的核心理念是通过评估成熟度来发现创业过程中的薄弱项并进行改进，从而形成可持续发展模式，选取各级评价指标，建立评价指标体系，进而努力达到相应的评价目标。

　　综合来看，我们可以选取创业意向[1]、专业能力[2]、方法能力[3]和社会能力[4]四个方面作为一级评价指标。在每个一级评价指标下，又可列出二级评价指标，进而为创业能力成熟度评价提供更具体的方向。创业能力成熟度评价指标体系如表 6-2 所示。

---

　　[1] 创业意向指的是潜在创业者对是否从事创业活动的一种主观态度，创业意向是任何创业行为的先导。该指标主要用于考察潜在创业者的创业热情和创业态度，用以初步判断潜在创业者是否适合创业。

　　[2] 专业能力是从促进个人职业技能提升的角度对创业能力进行评价的指标，该指标主要用于评估潜在创业者的职业岗位胜任力。一个成功的创业者需要懂管理、懂财务，更要懂专业，尤其是在创业初期。

　　[3] 方法能力是考核潜在创业者是否能够成功创业的关键指标，包括市场控制和组织管理两个方面的能力。这个指标主要用于考察潜在创业者是否拥有战略眼光并懂得创业方法。

　　[4] 社会能力主要表现为在以团队合作为基础的环境中适应工作的程度。创业是一个多方合作的过程，是一群人冒险的过程。

表 6-2　创业能力成熟度评价指标体系

一级评价指标	二级评价指标
创业意向	成就需要
	风险承担
	自主坚持性
	自我效能①
专业能力	知识和技能储备
	学习能力
	创新能力
方法能力	市场控制能力②
	组织管理能力③
社会能力	谈判和推销能力
	团队协作能力
	自我约束能力
	人际交往能力
	适应力和承受力

专栏阅读

陈先平：一个小镇青年的酒店创业故事

从小镇青年到集团创始人，从酒店门外汉到行业佼佼者，创业路上的每一次转型，对陈先平来说都是摸着石头过河。然而凭借过人的勤奋和拼搏意志，品尚酒店集团董事长陈先平一次次抓住机会、克服困难，在创业路上闯出一片天地。

✓　小试牛刀，开弓没有回头箭

年轻时的他吃苦耐劳，学习技能又快又好，正因为务实又有手艺，抓住了一次改变命运的机会，得到温州老板的看重，来到贵阳谋求更大发展，创下了 1999 年"一天赚了 8 000 元"的奇迹。

初尝到创业甜头，陈先平一鼓作气投入全部家当开了第一家加工厂，却不料陷入创业失败阴影。他反思后决定去深圳，先沉淀自己，苦学技术本领，白天跟着老板干活，晚上跟朋友探讨生意经。

在深圳 4 年，他时刻被先进的管理理念熏陶着、滋养着，他从别人身上懂得了"如何当好老板这个角色"，也对自己的创业能力有更深的了解，更加坚定了创业的念头，这也为他后来在深圳注册自己的连锁品牌埋下了伏笔。

---

① 自我效能指一个人在特定情景中采取某种行为并取得预期结果的能力，它在很大程度上指个体对自我有关能力的感觉。自我效能也指人们对自己实现特定领域行为目标所需能力的信心或信念，简单来说就是个体对自己能够取得成功的信念，即"我能行"。

② 市场控制能力包括对市场机会的识别能力、对市场需求的分析能力、对产品营销的策划能力，以及对企业危机的公关能力。

③ 组织管理能力包括组织能力、激励能力、投融资能力等。

✓ **跨界开酒店，赚到人生第一桶金**

创业对每个人来说都是一种考验。经历第一次创业失败，陈先平失落过，但并没有一蹶不振，而是准备再一次创业。离开深圳后，他帮叔叔打理旅馆生意，起初生意难做，他巧变思路借外力，实现短期业绩倍增，在短短几个月时间内扭亏为盈。这让他充满了信心，觉得找到了创业舞台。

2006年，陈先平开始创业开旅馆。第一家欣欣宾馆开在桂林八里街，经营了半年时间就小有起色。2008年他又开了第二家凯悦酒店。卖掉凯悦酒店后，他开始扩张自己的事业版图。

✓ **壮大规模露锋芒，日新月异呈光彩**

经历过创业低谷的人，往往更懂得往哪里使劲下功夫。陈先平以前瞻性的眼光，筹集了138万元，在钦州港又开了一家欣欣宾馆，这一次生意做得顺风顺水。一年内他在钦州港一共开了三家酒店，创造了不到9个月时间就回本的传奇。

✓ **思路决定出路，创立品尚酒店品牌**

志在峰巅的攀登者，不会陶醉于沿途的某个脚印。陈先平没有沉溺于成功的喜悦，心中有一个想法在渐渐壮大：创立自己的品牌连锁酒店。于是他破釜沉舟，卖掉了三家酒店，于2015年在深圳创立了品尚品牌，将深圳先进的管理理念带到广西，从钦州港试验店起步，迅速扩张，一年内开了6家品尚酒店。

2017年品尚初入南宁，他将品尚酒店一度做到了极致，装修有品味、有档次，还在有限的场地中设计了最多的房间，使几百万元的投资在九个月内就回本。从装修、设计到盈利模式，品尚以经济连锁占领差异化市场，实现低成本运营，刷新了人们对酒店的认知。凡是了解品尚的人，无不感慨其降本增效的能力。先进的管理理念得到了许多供应商的支持。许多供应商先成了品尚的加盟商，加盟后又带朋友一起加入，引入新的加盟商。

陈先平也因此名声在外，许多酒店经营遇到困难的同行都来找他，因为知道他肯定有办法解决，相信他总有办法。

成长场景 6-3

创业能力成熟度评价

根据创业能力成熟度评价模型，李明展开了自我分析与评估。

首先，关于创业意向。李明认为，这项工作其实在之前思考"要不要"的时候已经做过。不管是针对专业背景的创业优势分析，还是和妻子一起谈到的创业利弊比较，无一不是在对自己的创业意向进行评价。总的来说，李明在大学毕业后，总怀着能做出一番事业的信念，十几年的辛勤工作给他带来了一笔可观的家庭财富，也给了家庭一份底气。家人也给了他诸多支持与鼓励，希望他能在未来的工作中找到更多的快乐，实现自己的价值。因此，在成就需要、风险承担，以及自我效能方面，李明认为均能得到不错的评价。但在自主坚持性方面，由于肩负着对家庭的责任，李明不确定如果面临长时期的困境，自己能不能坚持。

其次，关于专业能力。毕业后，李明带着大学时期积累的扎实的专业基础和科研技能，进入了现在的工作单位。十几年来，不管是在曾经的技术岗，还是在现在的管理岗，他对专业前沿的学习和了解始终不曾放松，对新思想和新技术都有着自己的见解。在实践中也学到了很多课本上学不到的专业知识，形成了自己独特的思考方法。三项专利技术以及优秀工程勘察设计奖就是对自己专业能力最好的肯定！

再次，关于方法能力。在市场控制能力方面，之前李明是一名技术人员，因此这是他不擅长的领域。但在转岗之后，作为团队的领导者，李明必须对市场情况及团队整体情况进行熟悉。所以这些年来，他逐渐对产品的上下游企业合作者有所了解，对从原材料到产成品的运货渠道、价格风险以及质量控制等核心环节都有所熟悉。在组织管理能力方面，作为部门一把手，他已经在员工绩效评价、组员工作协调、团队纠错能力等方面积累了一定的经验。作为负责人，他成了团队协作的中枢力量，但他在组织管理方面还有很多不足，仍需要继续努力和改进。

最后，李明开始评价自己的社会能力。与方法能力一样，这方面能力是在从技术岗转到管理岗后才逐渐积累的，尤其在谈判和推销能力及承受力方面，更是在作为团队负责人后才逐渐体会到重要性，这也是在未来创业过程中非常需要的能力，而自己在这两个方面有待加强。对于其他方面，李明自认为做得不错，时刻以高标准严格约束自己。在团队中，他和气待人，为部门打造了一支又一支的核心团队，成了公司的骨干力量。

因此，按照创业能力成熟度评价模型，李明认为自己已经基本形成了创业的物质基础、社会基础以及人力基础，初步具备了创业启动的条件。但他也深知创业是一项长期系统的工程，他还需要在各方面不断努力和提高。

拓展任务实训

➢ 请根据创业能力成熟度模型评价自己的创业能力，判断自身是否具有创业启动的条件，并提出可行的改进建议。

二、创业的难关：资金

资金本质上是企业从事生产活动的第一要素。一方面，企业需要短期资金支付原材料成本、人力工资以及交易成本，以保证企业日常经营的运作；另一方面，企业需要长期资金从事研发产品、开拓市场、扩建厂房等活动，以促进企业发展。资金是影响企业发展的重要限制条件。

就创业而言，创业者需要较多的资金。创业者的想法、技术需要通过要素资源的整合才能最终形成市场消费的产品形态，这个过程便少不了大量资金的投入。创业的启动资金，虽然理论上可以通过外源融资获取，但由于大部分创业者在创业初期缺乏可抵押资产，加上融资又具有回本周期长、风险大的特征，所以不管是银行贷款这类间接融资渠道，还是以发行股票和债券为代表的直接融资渠道，对初创企业来说都不现实。

成长场景 6-4
创业物质基础盘点

对于创业需要钱这件事，李明早有意识。在他看来，不管创办什么类型的企业，都需要一定的物质基础。他当前的物质储备既可以作为自己创业的启动资金，又可以提供给其他创业者。但不管怎样，到底是"拉人入伙"，还是"被拉入伙"，未来允许投入的资金上限是多少，是否能达到创业的最低资本要求？这些都是当前必须要明确的问题。

于是，李明将这些想法告诉程兰，希望和妻子一起，结合当前家庭资产状况，找到创业投资的上限。

"老婆，咱们家里现在一共有多少钱？"

"没仔细算过，你问这个干吗？"

"我想过了，未来如果真有好的创业机会，我可以去试试。但前提是我希望你跟孩子的生活有基本保障。"

"确实，有必要对资产做好风险隔离，这样未来你也不会有那么大的心理负担。"

说着，程兰便找来纸和笔，一边写写画画，一边对着李明说道："现在咱们每年的基本生活支出大概是 20 万元。但今年房贷还清了，这样每年可以多省出 7 万多元来。如果加上一些少量的额外支出，每年支出控制在 15 万元以内应该是没问题的。现在我们的收入加起来每年有 50 万元左右，所以每年有大概 35 万元的结余。"

"保险支出可不能断，还有每年的赡养费。"

"放心，赡养费我算在里面。就算扣除保险支出，每年至少也有 30 万元结余。加上现在所有的存款和理财产品，年底时拿出六七十万元应该是没问题的。而且我们现在每年还挣钱呢，没了房贷，以后存钱的速度肯定会比现在更快。"

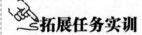
拓展任务实训

➤ 请根据你对上述李明夫妻二人对话的理解，解释什么叫资产的风险隔离。

---

① 外源融资是指企业通过一定方式向企业之外的其他经济主体筹集资金。外源融资方式包括银行贷款、发行股票和债券等。

> ➤ 请思考，在程兰看来对资产进行风险隔离的意义是什么？

本章关键词

培育优势、政策支持、马斯洛需求层次理论、创业选择、创业能力成熟度模型、创业能力成熟度评估、创业资金

第七章
创业融资与价值评估

 学习目标

表 7-1　学习目标矩阵

节目录	场景构建	知识目标	技能目标	思维目标
第一节 现金流与融资	一、企业生存命脉：现金流	现金流知识体系	基于财务报表的现金流量分析	流动性思维
	二、融资方式与资本类型	融资方式与资本结构知识体系	融资策略分析	
	三、创业融资需求分析	企业生命周期知识体系	融资金额测算	
第二节 创业融资中的有效估值	一、企业价值评估基础	价值评估知识体系	估值模型/方法的基本应用	价值评估思维
	二、知己知彼：VC/PE 在想什么	—	估值应用	
第三节 创业融资实战	一、选择投资人	投资人类型知识体系	投资人选择策略	风险管理思维
	二、路演	路演知识体系	路演实训	
	三、签署文件	投资意向书知识体系	特别条款利弊分析	

成长前情提要

和师兄张强聚餐结束后回到家，李明的内心久久不能平复，躺在沙发上，耳边不断响起张强今晚说的那些话："还记得陈林吗，比你小三届的师弟，之前还在你们公司工程部待过三年，离职后组建团队自己创业。

"他们成立了一家公司，叫 TE 有限责任公司，承接商用非标智能办公工程，在智慧城市建设的政策风口下，凭借团队积累的专利技术，现被花溪区政府立项为重点扶植项目。据说他们已经拿下花溪区高新产业园的这笔大单了。

"陈林告诉我，他们正在接触机构投资方，BY 资本有意投资，现在他们和投资方商议，为进一步拓宽业务线，提高市场份额，快速做大规模，有意拉我和你入伙，在公司内部成立一个工程部，专做园区电气工程的设计和实施工作，这样能与他们的原有业务形成聚集效应。

"陈林答应，如果我们入伙，会在股权架构上考虑我和你的利益，但具体的股权比例需要详谈……"

不得不承认，这是一个不错的机会！李明想到，自己现在任项目经理一职已有几年，积攒了一定的综合管理经验，也想再往上冲一冲，或许还能给家庭创造更丰厚的物质基础！同时，

他在之前的 MBA 学习过程中了解到，资本运作对公司而言，把握好了会带来巨大的发展机遇，但若操作不当，可能会带来巨大的负面冲击，而且他对这一部分不是很了解……

李明的思绪不断，有太多事情需要考虑，但无论如何他都决定先了解一下情况，不管最终是否入伙，都可以开阔眼界。

第一节 现金流与融资 ↓

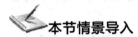**本节情景导入**

这天，李明和师兄张强一同去 TE 有限责任公司（以下简称"TE 公司"）和陈林洽谈合作事宜，第一次较为正式的见面更多是为了相互熟络，因此很快就谈完了正事。结束后，陈林刚好要同团队骨干总结本年度公司经营情况，以初步确定融资方案，与 BY 资本进一步接洽，便热情邀请李明与张强一同参会，也好让他们进一步了解公司的经营现状和发展规划。

一、企业生存命脉：现金流

现金流量，又称现金流，是某一段时期内企业现金①和现金等价物②流入和流出的数量。

现金流的作用是什么呢？有这样一个有趣的故事：三位旅客途经一个小镇，住进一家旅馆并付给老板 300 元的现金作为客房订金。等他们上楼看房后，旅馆老板把这 300 元现金支付给了镇东的屠夫，付清了上个月的肉钱；屠夫又到养猪的农夫家里结清了之前的欠款；农夫收到款后，紧接着去了镇西的饲料厂，结清了所欠的饲料款；饲料厂的老板又去了旅馆结清了之前所欠的房费。与此同时，三位旅客觉得房间不是很合适，又要求退回订金 300 元，然后离开了。

故事结束，这 300 元最终又回到了旅客手里，有人亏钱吗？当然没有。但若没有这 300 元现金的流入和流出，小镇上的旅馆老板、屠夫、农夫、饲料厂老板都还处于彼此欠债的状态。而有了这 300 元的现金流动，债务问题一下子就解决了。这就是现金流的作用！

因此在实务中我们认为，企业里的现金应当同流水一样进出，像流水一般不能断，且尽可能保证流进得多、流出得少，进而为企业的进一步发展提供基本保障。企业的现金流量一般分为经营活动现金流量③、投资活动④现金流量和筹资活动⑤现金流量，如图 7-1 所示。

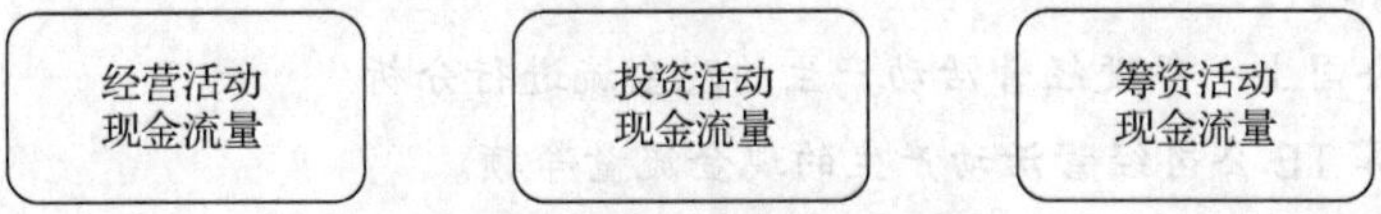

```
┌──────────┐   ┌──────────┐   ┌──────────┐
│  经营活动  │   │  投资活动  │   │  筹资活动  │
│  现金流量  │   │  现金流量  │   │  现金流量  │
└──────────┘   └──────────┘   └──────────┘
```

图 7-1 企业现金流量分类

----

① 现金是指企业的库存现金以及随时可以用于支付的银行存款。

② 现金等价物即企业持有的期限短、流动性强、容易转换为已知金额现金、价值变动风险很小的金融资产。

③ 经营活动现金流量是指企业在一定时期内因为自身的生产经营活动所产生的现金流入量和现金流出量。

④ 投资活动指企业长期资产的购建与处置和不包括在现金等价物范围内的投资及其处置活动，如购建和处置固定资产。

⑤ 筹资活动是指导致企业资本及债务规模和构成发生变化的活动，如向银行借款。

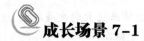

成长场景 7-1

现金流分析

会议开始后，负责财务工作的谢昕首先对公司的整体情况进行了汇报。

听完谢昕汇报后，李明注意到目前 TE 公司在财务上存在一个比较明显的问题：有盈利但缺现金。他回想起之前在 MBA 课程中学到的关于财务的内容，"账面盈利但账户缺钱"这一现象似乎和利润表上收入、费用、利润的确认以权责发生制[①]为准有关，也就是说，现在公司在交付完产品和服务后不能马上收回现金。

这时，谢昕把公司去年的财务报表投放到屏幕上，陈林发话了："我们都清楚，资产负债表是'家底'，利润表是对外的'门面'，而现金流量表才是公司的'日常'。今天咱们的重点是探讨后续的融资需求，就直接看现金流量表吧。"陈林话还没说完，李明的注意力便被现金流量表（表 7-2）吸引了过去。

表 7-2　TE 公司上一年度现金流量表数据　　　　　　　单位：万元

项目		金额
经营活动产生的现金流	经营活动现金流入小计	360.82
	经营活动现金流出小计	310.45
	经营活动产生的现金流量净额	50.37
投资活动产生的现金流	投资活动现金流入小计	44.55
	投资活动现金流出小计	59.82
	投资活动产生的现金流量净额	-15.27
筹资活动产生的现金流	筹资活动现金流入小计	69.16
	筹资活动现金流出小计	9.16
	筹资活动产生的现金流量净额	60

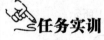

任务实训

请对 TE 公司上一年度经营活动产生的现金流进行分析。

➤ 请计算 TE 公司经营活动产生的现金流量净额。

[①] 权责发生制是指会计的处理和确认以权利和责任的发生来决定收入和费用归属期的一项原则。

> 你觉得 TE 公司经营活动产生的现金流量净额是否足以支撑公司日常经营？为什么？

拓展任务实训

> 你觉得在公司的经营过程中，导致"账面盈利但账户缺钱"这一情况的原因有哪些？这表明 TE 公司在经营过程中需要加强哪些方面的工作？

在对经营活动产生的现金流量数据进行初步分析后，陈林继续说道："经营活动产生的现金流量体现的是公司自我造血的能力。随着市场渠道的打开，公司的盈利也在逐渐增长，但现在公司面临的一个很现实的问题是如何缩短产品/服务交付与款项回收之间的时间差。还好公司之前被花溪区政府立项为重点扶植项目，能享有从银行获取贷款的便利，利息费用也不高，从而才能在一定程度上缓解经营现金流的紧张。但这不是长久之计！因此接下来，我们一方面需要引入投资人，让资本运作助力公司的加速发展，另一方面也要思考如何在经营管理上改善这一问题。

"最后，公司目前的投资活动主要是利用闲置资金在金融市场上进行投资理财，上一年投资活动产生的现金流量净额为负数，主要是因为市场行情波动，收益减少，且部分产品封闭期较长。今年在完成公司 3～5 年发展规划后，投资活动的安排须重点聚焦于业务的转型与升级。"

看着在会议上侃侃而谈的陈林，李明回想起数年前和他在公司一起共事的场景，不禁感慨：今日之陈林绝非往日之陈林！创业对一个人的训练还真是全方位的！

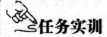

任务实训

➤ 为缓解因产品/服务交付与款项回收之间存在时间差而带来的资金紧张情况，有哪些应对之策？

二、融资方式与资本类型

企业融资方式根据资金的来源渠道可分为内源融资和外源融资两类。

内源融资是指企业通过自身实现资金的筹集，主要依靠自有资金和企业经营留存的资金。对应的资本类型为企业留存资金，如资本公积[1]、盈余公积[2]、未分配利润[3]等。

外源融资是指企业通过一定方式向企业之外的其他经济主体筹集资金，主要依靠银行贷款、发行股票等。此外，企业利用商业信用实现赊购赊销以及融资租赁[4]在一定意义上也属于外源融资。对应的资本类型主要为权益性融资[5]资金和债务性融资[6]资金。

成长场景 7-2

融资策略分析

梳理和总结完公司的现金流情况后，大家稍做调整，又开始了会议的下一个议程：探讨融资方案。

财务部门负责人谢昕率先总结了上年度公司的融资情况："对初创型企业而言，外源融资，尤其是向银行申请贷款比较难。好在此前我们凭借过硬的专利技术，成功进入花溪区科技型中

---

① 资本公积是指企业在经营中由于接受捐赠、股本溢价以及法定财产重估增值等原因所形成的公积金。

② 盈余公积是指企业从税后利润中提取形成的、留存于企业内部、具有特定用途的积累收益。

③ 未分配利润是指企业实现的净利润经过弥补亏损、提取盈余公积和向投资者分配利润后留存在企业的、历年结存的利润。其有两层含义：一是留待以后年度处理的利润；二是未指明特定用途的利润。相对于所有者权益的其他部分来说，企业对未分配利润的使用有较大的自主权。

④ 融资租赁是指出租人根据承租人（用户）的请求，与第三方（供货商）订立供货合同，根据此合同，出租人出资向供货商购买承租人选定的设备，同时，出租人与承租人订立一项租赁合同，将设备出租给承租人，并向承租人收取一定的租金。

⑤ 权益性融资是指企业主要通过出让股东权益/股权来实现融资，如股权融资。

⑥ 债务性融资是指企业主要通过举债来实现融资，如银行贷款、发行债券等。

小企业库，后又被花溪区政府立项为重点扶植项目，这才顺利申请下来一项科创贷①。虽然有了科技型中小企业的资质认证，又被区政府立项为重点扶植项目，以后从银行申请这一类贷款比较方便，但这类贷款一般期限较短且金额有限，从企业的发展规划来看，资金的筹集不能仅仅依靠这类扶植性贷款。"

任务实训

➤ 为什么对初创型企业而言，获取外源融资，尤其是向银行申请贷款比较难？

➤ 请搜集和整理信息，了解科技信贷产品，并总结科技信贷产品一般具有什么特征。（提示：可从贷款金额、贷款期限、利息费用、担保条件等维度去整理和总结科技信贷产品的特征。）

"因此，在这样的一个时间节点，为求公司的进一步发展，外源融资的另外一个类别——权益性融资值得我们重点考虑。而在进行权益性融资时，我们需要重点考虑面对的股权投资主体类别，是财务投资人②还是战略投资人③。另外，目前我们接洽的 BY 资本虽属于前者，但其投资版图里也有和我们业务有互补优势的'慧智工程'，因此有可能为我们带来市场渠道、技术团队等资源的整合效应。"

---

① 科创贷，属于科技金融领域科技信贷产品的一类，具有较强的政策扶植性。
② 财务投资人是指以营利为目的，通过投资行为获取经济上的回报，并在一定时候退出和套现的投资人。这类投资人非常关心投资回报率，以及未来退出机制的安排。其主要类别为 VC（风险投资）和 PE（私募股权投资）。
③ 战略投资人主要是指与被投资主体所处行业相同或者相近，并具备技术、管理、团队等优势，可以促进被投资主体的产业结构升级，增强被投资主体的核心竞争优势的投资人，如腾讯投资美团、拼多多即属于战略投资。

拓展任务实训

➤ 初创型企业在进行权益性融资，引入投资人时，需要考虑的因素有哪些？

➤ 请搜集和整理信息了解成都的科技金融相关政策和实施情况。

➤ 请搜集并整理"天府科创贷"这一科技信贷产品的基本情况、申请条件、申请流程、补助范围以及合作金融机构等信息。

三、创业融资需求分析

现金流如同企业的血液。现金流紧张甚至枯竭，则意味着企业经营不善，甚至濒临破产。一家企业想要存活下来，并追求进一步的发展，现金尤其是经营性现金，是需要重点考虑的。

于企业在初创期、成长期、成熟期、衰退期等不同阶段都需要相应的资金支撑以应对经营过程中的风险。

进行创业融资需求分析，应重点考虑两个方面：一方面结合发展阶段考虑不同融资阶段的融资需求；另一方面结合经营现状测算融资金额。

企业生命周期与融资需求

企业生命周期是指企业的发展与成长的动态轨迹，包括初创期、成长期、成熟期、衰退期四个阶段，如图 7-2 所示。

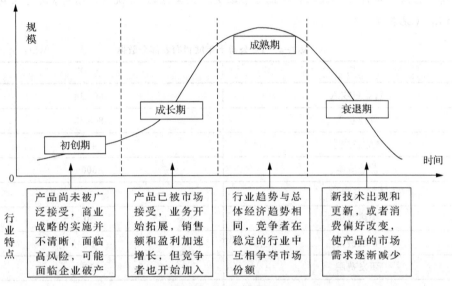

图 7-2　企业生命周期

企业在其生命周期的不同阶段呈现不同的风险特征和资金需求，而不同的投资主体有不同的风险偏好。因此，企业应该根据自身所处阶段的特点，寻求适合的融资方式，并在企业阶段转变时及时调整融资策略，如表 7-3 所示。

表 7-3　企业所处阶段与融资方式、资金需求的对应情况

企业所处阶段	融资方式	资金需求
初创期	种子轮、天使轮	10 万～1 000 万元
成长期	A 轮/B 轮/C 轮/D 轮/Pre-IPO	1 000 万～10 亿元
成熟期	IPO	上市募集金额取决于企业体量与市场认可程度
衰退期	—	—

成长场景 7-3

融资金额测算

李明听完谢昕对于此前公司的融资工作总结后，认识到基于前期的经营和未来的发展规划，TE 公司进行权益性融资势在必行。李明恍然大悟：怪不得在这个节点邀请自己和张强入伙，这也是为业务的进一步拓展在做准备。等资金到位后，公司发展定会加速。

这时，陈林开口了："公司下周四预计和 BY 资本进行初步洽谈。但和他们洽谈之前，公司

内部需要达成共识，即出让多少股权、融资多少，这一问题关乎公司估值，在下周三的会议上再探讨，今天在不考虑估值与股权价值的前提下，单从公司业务经营需要这个角度来考虑对外的融资金额。"

陈林话音刚落，谢昕便紧接着说道："对于融资金额有一个较为简单的测算方法，即通过营业成本来进行估算。一般情况下，测算一年半的运营成本比较合适，上下浮动 10% 即可。我个人觉得用营业成本计算公式来预估融资金额是比较合适的。"说罢，谢昕展示了公司上一年度的利润表（见表 7-4）。

表 7-4　TE 公司上年度利润表部分数据　　　　　　　单位：万元

项目	金额
营业总收入	800.38
营业收入	800.38
营业总成本	450
营业成本	300
税金及附加	20
销售费用	30
管理费用	60
研发费用	35
财务费用	5

任务实训

➤ 为什么谢昕觉得用营业成本的计算公式来测算融资金额的方法比较适合公司？

➤ 请基于谢昕提出的方法测算 TE 公司的融资金额。

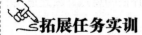

拓展任务实训

> 除用营业成本的计算公式来测算融资金额外，还有哪些融资金额测算方法？请自行学习并整理出 1~2 个融资金额测算方法，并和同学分享。

> 请梳理并总结，企业在初创期有哪些融资方式，并说明不同融资方式的优缺点。

第二节　创业融资中的有效估值　↓

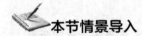

本节情景导入

自上周参与了 TE 公司的内部会议后，李明感慨万千！陈林在会议上对公司财务和发展规划的总结，尤其是对融资工作的安排，让他敬佩不已。如此看来，如若想创业，只懂技术和管理是不行的，只懂财务也不行。在懂技术、管理和财务的基础上还得懂融资才行，而要弄懂融资，又必须懂得估值。

一、企业价值评估基础

每家企业都有自身价值，价值评估也叫估值（Valuation），是资本市场的参与者对一家企业在特定阶段的价值判断。估值是创业者在股权融资[①]中最关注的内容，因为估值直接影响着创业者要出让股权的额度，以及能够融到资金的额度。对非上市公司尤其是初创企业进行估值，是一项独特的、有挑战性的工作，兼具科学性与灵活性。

基于企业是否持续经营，企业可分为两类。一是面临破产的企业，即企业处于财务困境，已经或将要破产。对这类企业估值主要考虑企业相关资产的可能出售价格。二是持续经营的企

---

① 股权融资，是指企业通过转让股权的形式实现资金筹集的融资方式。

业，即企业在可预见的未来持续经营。对这类企业估值，是企业价值评估的重点，因此适用的方法较多，总体而言可分为两大类：绝对估值法和相对估值法，如图 7-3 所示。

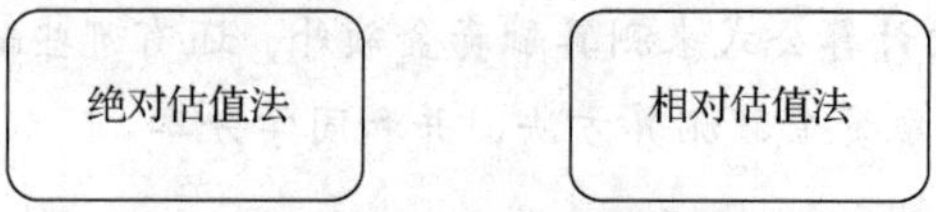

绝对估值法　　　　相对估值法

图 7-3　企业估值方法分类

绝对估值法中的常用方法即现金流量贴现法，主要采用的是现金流贴现和红利贴现的方法，包括企业自由现金流（FCFF）、股权自由现金流（FCFE）和股利贴现模型（DDM）等。

相对估值法，即根据某一变量考察可比企业（可比的依据）的价值，以确定被评估企业的价值。相对估值法下的主要估值指标有市盈率（P/E）[1]、市净率（P/B）[2]、市销率（PS）[3]。所以，相对估值法主要采用乘数方法，如 P/E 估值模型、P/B 估值模型、PS 估值模型等。

专栏阅读

创业企业常用的估值方法

不管是绝对估值法还是相对估值法，都能细分为若干不同的方法。而且在众多方法中，有些方法未必适用于未上市的创业企业，如 P/E 估值模型。以下重点介绍两种创业企业适用的估值方法。

（一）可比公司法：挑选合适的参照公司

第一，挑选出与非上市公司（以下简称"目标公司"）处于同行业可比的或可参照的上市公司，以可参照上市公司的财务数据、股价、市盈率等关键数据作为市场参考乘数来推断目标公司的价值。可比公司法的关键是筛选出与目标公司具有相似业务架构和财务特征的公司，一般是上市公司。一般而言，可搜寻目标公司的竞争对手，尤其是已经上市的竞争对手。

第二，要熟悉 P/E 估值模型。通常，上市公司市盈率有两种：历史市盈率，等于当前市值除以公司上一个财务年度的利润（或前 12 个月的利润）；预测市盈率，等于当前市值除以公司当前财务年度的利润（或未来 12 个月的利润）。

由于投资人投资的是一个公司的未来，预测市盈率才是投资人最为关注的市盈率。因此，P/E 估值模型，即在原公式的基础上变形为：目标公司价值=预测市盈率×目标公司未来 12 个月利润，目标公司未来 12 个月的利润可以根据财务进行估算，所以估值的最大问题在于如何确定预测市盈率。

我们利用可比公司法，挑选与目标同行业可比的或可参照的上市公司，参照其市盈率来进行估值。但需要注意的是，此时我们能找到的可比公司市盈率是历史市盈率，那么预测市盈率又该如何测算呢？

在实务工作中，预测市盈率一般会按照历史市盈率的一定比例进行折算，如我们对一

---

[1] 市盈率（Price Earnings Ratio，P/E 或 PER）是指每股价格与每股收益的比率。

[2] 市净率（Price-to-Book Ratio，P/B 或 PBR）是指每股价格与每股净资产的比率。

[3] 市销率（Price-to-Sales，P/S）是指总市值与主营业务收入或者每股价格与每股销售额的比率。

个创业公司 M 进行估值，其所在行业在 A 股创业板①的平均历史市盈率是 40，那该行业的预测市盈率大概是 30。而从行业市盈率到公司市盈率，一般而言对于同行业、同等规模的非上市公司，参考的预测市盈率需要再打个折扣，一般为五折，即 15～20 左右，对于同行业且规模较小的初创企业，参考的预测市盈率则还需要再打个对折，就成了 7～10 左右。②而 M 公司作为一个创业公司，其参考的预测市盈率即为 7～10 左右。

例如，如果 M 公司预测融资后下一年度的利润是 1 000 万元，参考上述对预测市盈率的估算方法，公司的一个保守估值大致就是 7 000 万～1 亿元，如果投资人投资 2 000 万元，公司出让的股权则大约为 20%～30%。

不过，对于有收入但没有利润的公司，P/E 估值就没有意义，如很多初创公司便存在这种情况——很多年也不能实现正的预测利润，这时便可用 PS 估值模型来进行估值，逻辑跟 P/E 估值模型一致。

（二）可比交易法：参考同类公司的溢价

可比交易法的逻辑与可比公司法一致，第一步为筛选出同类公司，即在估值过程中，选择与目标公司行业和业务结构相似的，且此前已经被投资、并购的公司，在这些已被投资和并购公司的估值基础上，获取与估值相关的财务数据，并计算出相应的融资估值乘数，从而对目标公司进行估值。

例如，B 公司刚获得一笔融资，而 A 公司与 B 公司所处行业相同，且业务结构相近，但在经营规模（如营业收入）上，A 公司比 B 公司大两倍，那么投资人对 A 公司的估值应该是 B 公司估值的两倍左右。

总之，可比交易法并不对市场价值进行分析，只是统计并参考同类公司融资或者并购价格的溢价水平，再用这个溢价水平计算出目标公司的价值。

成长场景 7-4

估值演练

在周三的会议上，陈林和创业团队骨干还会重点探讨公司估值的问题，以进一步与 BY 资本洽谈合作。不过，李明觉得自己还未确定是否入伙，所以这样一个具有高度商业机密的会议，自己还是先不参加了。但为了进一步厘清自己是否创业，他决意还是趁此机会多学习和了解与创业相关的金融知识和实务。之前在 MBA 学习过程中，李明了解到估值是进行股权融资的关键，估值决定了"出让多少股权、换取多少资金"，但对于如何对公司进行估值，以前的课程涉及不多。

为了加强对这个领域的学习，他在上周开完会后便在网上购买了好几本书，学习公司估值的一些方法，如绝对估值法、相对估值法。他注意到这些方法在具体使用的时候会有一个横向对比的分析过程，即得有一个参考的基准，尤其是在对未上市公司进行估值的时候，更要有参考基准，因为未上市公司的相关数据不全。

---

① 创业板又称二板市场，是我国场内交易市场的一个板块，专为暂时无法在主板市场上市的创业型企业提供融资途径和成长空间的证券交易市场。

② 本段所涉及的折扣参考的是当前市场实务数据，但市场实务数据会根据行情有所波动调整，因此折扣数据仅供参考。

任务实训

➤ 在用可比公司法和可比交易法进行估值的过程中，需要选择相似的具有参考价值的公司作为分析基准。请总结在选择参考公司的时候，需要考虑的因素有哪些。

➤ 对创业企业进行估值时，你觉得 P/E 估值模型的使用受限条件有哪些？有没有可以替代的方法？

拓展任务实训

➤ 一款拥有 100 万个用户的垂直社交 App 公司 X，最近完成一轮融资时的估值为 1 亿元。那么另外一款拥有 100 万个用户的垂直社交 App 公司 Y，其估值是多少？另外一款拥有 200 万个用户的垂直社交 App 公司 Z，其估值是多少？

➤ 你主要运用了什么方法对公司 Y 和公司 Z 进行估值？采用该方法进行估值的前提是什么？

这些估值方法具体该如何使用呢？李明继续翻看了后面的内容……

二、知己知彼：VC/PE 在想什么

创业企业在向 VC/PE 进行股权融资的时候，主要关心的问题有两个：一是"我的企业值多少钱"，二是"投资机构如何对企业估值"。理论上，对这两个问题的回答需要用到绝对估值法、相对估值法等方法来测算估值。创业企业不仅要考虑估值方法的运用，在向 VC/PE 融资时，还需要考虑在投资时 VC/PE 在想什么。

投资的目的，是在承担相应风险的同时获取收益。因此，VC/PE 在进行股权投资的过程中，对创业企业进行估值时，会对自己在投资过程中的收益和风险高度敏感。因此，VC/PE 在进行投资和估值时，一方面考虑的是基于本次投资，希望或需要从中得到多少回报和收益；另一方面关注的是投资后的所占股权比例以及退出问题。

因此，估值并不是精准算出来的。在实务中，估值是企业与投资机构双方报价后协商的结果，一般是企业根据可比公司法、可比交易法等报价，投资机构再根据尽职调查①的情况和投资目标进行砍价，而后反复洽谈得出的一个双方都能接受的结果。

专栏阅读

"随行就市"的估值

2008 年国内 A 股从 6 000 多点暴跌之前，国内企业首轮融资的市盈率大约是 10，成长性差一些的传统企业可能只有 5 左右。但后来有所变化，创业板市场的市盈率高达 100，从而把很多创业者的胃口都吊起来了，有些创业者甚至声称 VC/PE 提供的市盈率为 30 的投资都不接受。2015 年股市火爆之后，又一波二级市场的低潮来临，创业板的市盈率降到 30 左右，主板的市盈率降到 20 左右。相应地，创投市场的 P/E 也降到了 10～20。

 成长场景 7-5

估值实战

看到这，李明恍然大悟：估值看似深奥和神秘，涉及许多估值方法，但万变不离其宗，实际上这些估值方法归根究底也逃不开 VC/PE 的"投资回报数"，因为这是 VC/PE 估值的前提。

因此，在实务中 VC/PE 通常用反推的方式，以目标投资回报数或者投资收益率来反推估值。例如，VC/PE 对早期创业公司的回报要求是 10 倍、100 倍，对成长期和成熟期公司的回报要求是 5 倍、10 倍。

书中的一个简单的例子，帮助李明加深了对估值的理解。

某智能硬件公司现在处于发展早期阶段，经分析，它想要发展成为一家能够在创业板上市的公司，还需要 5 000 万元来研发和整合资源，随后进入滚动发展阶段。预期 5 年后年利润可能达到 1 亿元并完成上市。同行业同规模的上市公司目前的市盈率为 40 左右。

---

① 尽职调查，是指 VC/PE 在投资过程中对目标企业的行业前景、股权结构、管理团队、公司经营、财务情况、法律情况等进行系列调查，以便对企业有全面的了解。

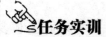

任务实训

➤ 假设上市后公司的市盈率与目前市场的市盈率处于相同水平，5 年后公司的总价值是多少？

➤ 运用"10 倍回报"的原则逆推，VC/PE 对公司的估值是多少？

如若根据投资收益率来反推呢？

假如现在 VC/PE 希望投资 5 000 万元，并在 5 年后公司上市后退出，VC/PE 要求的年化投资收益率为 50%，那么它需要获得公司多少股份呢？

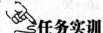

任务实训

➤ 由于 VC/PE 预期 50%的年化投资收益率，那么现在投资 5 000 万元，5 年后应获得的回报额是多少？

➤ 基于所计算的 VC/PE 在公司第 5 年上市后所要求的回报额以及公司上市后的总市值倒推，VC/PE 在现在投资 5 000 万元应该要求的公司股权比例为多少？

> ➤ 若要所计算的这一股权比例符合 VC/PE 的所有投资回报要求，前提是什么？

拓展任务实训

> ➤ 假设一家 VC/PE 现在同时对两家公司进行股权投资，A 公司所处行业为 IT 通信行业，B 公司处于房地产行业。如若采用 P/E 估值模型对两家公司进行估值，你觉得两家公司的市盈率一样吗？为什么？

> ➤ 请搜集和整理在公司估值过程中，影响市盈率的因素。

专栏阅读

估值越高越好吗

在进行股权投融资，对公司进行估值时，一般而言，目标公司会希望得到一个较高的估值，即公司的股权更值钱；而 VC/PE 等投资机构则希望砍价成功，如此投资的股权性价比更高。

但对公司而言估值真的越高越好吗？事实并非如此。如果公司在天使投资这一轮得到一个高估值，那么投资人便会预期下一轮的估值更高。这意味着，在两轮融资之间，公司的业务规模需要显著扩大、营业利润需要大幅增长。如若做不到，公司可能面临履行对赌协议[1]中的赔偿条款，或者接受投资人苛刻的条款，再进行一次低估值融资等困境，这时公司必然会面临现金流紧张的挑战。所以，公司的估值并非越高越好。

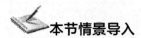

第三节　创业融资实战

本节情景导入

了解完融资中估值的相关内容后，李明不禁感慨，如果 TE 公司与 BY 资本在估值上能达成一致，那这一笔融资应该很快就能谈成。想到这，他觉得需要和师兄张强好好谈一谈加入 TE 公司的相关事宜了。晚上李明约了师兄张强一起吃饭，想和师兄探讨自己对于创业的最新想法，席间却意外了解到 TE 公司和 BY 资本未达成共识，现在 TE 公司已经在接触其他投资机构了……

一、选择投资人

创业者寻找合适的投资人有一定的难度。一般而言，创业者需要考虑：什么样的投资人适合自己，有哪些寻找投资人的渠道和途径。创业者只有考虑清楚这两点，才有可能寻找到合适的投资人。一般而言，有以下几类投资人可供创业者考虑。

（一）专业投资人/专业投资机构

所谓专业投资人/专业投资机构，是指在天使投资或者风险投资市场具备专业经验和专业资源的投资人或者投资机构，如青山资本及其创始人张野、创新工场及其创始人李开复等。

这些专业投资人大部分创立过公司，或者担任过国内外知名大型集团公司高管，在积累了较为丰厚的行业、企业、职业经验后进入创投圈，如徐小平便是新东方创始人之一，李开复曾先后担任过微软和谷歌的全球副总裁。

专业投资人或者专业投资机构，有着丰富的投资经验和资源，但同时在与创业者合作的过程中，也较为强势，为了确保自身的利益可能会向创业企业提出较为苛刻的融资条款。

（二）业内技术大拿/业内高管

业内资源也是创业融资的重要渠道。如果你从事零售行业，你是否认识相关地区的零售代理商和经销商？如果你是一位建筑工程师，那么你与建筑项目的承包商有来往吗？

获取投资的关键就是获取投资人对自己的充分信任。在熟悉的领域创业，好处之一就是比较容易获取相关资源方的信任，因此业内技术大拿或者有一定业界影响力的业内高管可能

---

[1] 股权投融资场景下的对赌协议是指投资方与融资方在达成股权性融资协议时，为解决交易双方对目标公司未来发展的不确定性、信息不对称以及代理成本而设计的包含了股权回购、金钱补偿等对未来目标公司的估值进行调整的协议。

成为投资人。

这类投资人的创业投资经验可能并不丰富，资金并不雄厚，但是他们凭借丰富的行业经验，可以成为创业企业的技术顾问与业务专家。

（三）亲人/朋友

创业者找亲人、朋友融资在早期并不困难，因为彼此有着天然的情感和信任基础，同时，亲人或朋友虽然不会像专业的天使投资人那样要求创业者有成熟的商业模式等，但他们同样希望可以知晓一些事情。

以下是创业者在找亲人或朋友融资前需要注意的五个事项：①不要害怕开口借钱，但说话要注意分寸；②要乐观，还要表现出对他们的尊敬；③展示创业进度和取得的成果；④不要指望筹到非常多的资金，只要能筹到维持创业所需的资金即可；⑤要沟通风险，签署协议。

总的来说，因为天然的信任基础，从亲人或朋友那里融资会简单许多，但切忌把亲人或朋友当作唯一的创业融资来源，因为除了资金相对少，他们在创投领域和行业内的资源也较为匮乏。

 成长场景 7-6

寻找投资人

李明带着些许好奇地问道："怎么不顺利了呢，是发生了什么事情吗？"

"我了解得也不是很多，据说是在进一步接触的过程中，陈林发现 BY 资本之前投资的项目主要集中在消费和娱乐领域，智能方向的项目不多，所以担心 BY 资本除了资金以外并不能给公司带来高附加值的资源；而且之前 BY 资本表达了在投资后参与公司运营管理的想法，但在上周开会后，陈林觉得 BY 资本的投资人与自己对公司的规划分歧很大，所以双方没有谈拢。"

任务实训

➢ 你觉得陈林的考虑是否得当？为什么？

➢ 你觉得在进行股权融资，引入投资人时需要考虑的因素有哪些？

"那 TE 公司现在在接触哪些投资机构呢？"

张强回答："我也不太了解。只知道现在陈林和公司财务部门负责人谢昕正专门给公司寻找投资人。从去年开始谢昕除了财务工作以外，还会搜集智能领域的投融资案例，整理相关的投融资平台、投资机构的信息。据说经过前期的积累，他们正在和华兴 Alpha[①]这家创投平台接触。

"好在他们的创业项目现被花溪区政府立项为重点扶植项目，政府相关部门也会给他们对接风投机构的资源。对了，本月底花溪区有一个大型的双创路演比赛，TE 公司会参加，这样能多一个机会在创投圈展示，也能接触到更多的资源。你有没有兴趣一起参与？"

李明欣然同意："好呀！正好跟着去学习、开眼界！"

✍任务实训

➤ 请登录华兴 Alpha 的官网，通过对其官网信息的梳理回答华兴 Alpha 平台的业务主要是什么。

➤ 请总结创业团队寻找投资人的渠道。

---

① 华兴 Alpha 是华兴资本集团大投行平台的先锋舰队，业务覆盖我国新经济各细分领域，联动资本市场多元化优质资源，以研究洞察为驱动，借助资本的力量为企业发展赋能，并针对发展路径无缝衔接华兴资本集团的全生命周期产品服务矩阵，包括私募融资、兼并收购等。

专栏阅读

初探创投圈——以成都为例

近几年，成都有大量企业成功登陆科创板。科创板企业普遍存在技术门槛高、资金需求大等特点。科创板企业从创立、发展到最后成功上市，离不开兼具专业能力、资金优势和冒险精神的创投机构的深度参与。

以成都本土的科创板企业——极米科技为例，公司于 2013 年设立，主营投影设备，是国内投影市场的佼佼者。对于当初选择在成都创业，极米科技创始人钟波直言是看中了成都的区域、人才以及政策优势。据他透露，在 2013 年落户成都高新区后，公司第一年办公房租全免，第二年房租减半，这对当时规模还很小的创业公司来说，帮助极大；创业初期，为了方便极米科技人员办公，高新区甚至将税务局的办事人员派遣到公司，当面办理电子发票业务，真正做到了为企业服务。同时，成都高新区政府和软件园区还会经常带领视察团过来交流学习，帮助极米品牌走出去，并将一些外部的知识和资源带进来。成都的投资环境也非常好，相关部门在招商引资对接方面积极性非常高，吸引大量头部创投机构在成都设立了创投基金。

作为国内头部创投机构的代表，东方富海[1]董事长陈玮介绍，近年来东方富海在成都已经投资近 10 个项目，见证了成都营商环境和投资环境的变化。陈玮说道："从项目质量来看，成都创业者的素质有很明显的提升，这与成都高校多、人才集中有很大关系；成都政府的服务意识也在大幅提升。"

他举了一个例子：东方富海此前有项目落地成都，政府给予了非常积极的反馈。而在基金投资方面，成都市政府出资市场化基金 LP[2]，不参与基金平时的管理运营，对返投比例的要求也非常灵活，很尊重市场的意见。

拓展任务实训

➤ 请以成都高新区、天府新区为例，搜集并整理近 1~2 年政府出台的对创业企业的优惠政策。（可从工商管理、办公经营、财政税务等维度去搜集信息。）

---

[1] 深圳市东方富海投资管理股份有限公司（简称 OFC 或东方富海）是由数位在我国创业投资领域从业时间长、有丰富实战经验、有优秀投资业绩、在业内有较大影响力的专业人士发起设立的专业性创业投资管理公司。

[2] LP，又称有限合伙人，泛指为股权投资提供资金来源的群体。

> ➢ 请搜集并整理国内头部创投机构在成都设立的创投基金及其投资案例等信息。

二、路演

路演（Road show），是指通过对项目进行现场演示的方法，引起目标人群的关注，使他们产生兴趣，最终达成目标。路演是当前国内一种主流的宣传手段。创业路演是获取投资的重要环节，企业一旦获得路演的机会，就意味着其融资计划有了一个不错的开始。

一个好的创业路演，究其核心，是要依托一份精致的商务 PPT，讲述一个逻辑通顺的创业故事，以研究数据作为验证商业逻辑的基础，同时，在结尾给出经过充分研究得出的融资数额。

成长场景 7-7

如何完成一场精彩的路演

周末，李明赶在 9 点半前到了花溪区高新孵化园。今天是花溪区双创路演比赛的日子。听张强说，陈林团队为本次路演准备了一周左右。李明刚在园区停好车，就接到张强打来的电话，让他赶紧上二楼进会场，路演快开始了。

李明刚在张强旁边坐好，主持人便介绍了本次路演比赛的背景、出席活动的评委嘉宾、项目路演的顺序和比赛规则等。他发现，今天总共有 8 个创业团队进行路演，每个团队路演的时间为 15 分钟，每个团队路演结束后还会有 5 分钟左右的交流时间，陈林团队的路演顺序为第 6 位。

在一个创投机构的负责人作为嘉宾代表致辞结束后，路演正式开始了。

一开始李明听得还有些云里雾里，但在听完三四个团队的路演后，李明有了一些发现。例如，负责路演的团队成员应有较强的表达能力，能够在有限的时间内自信且顺畅地把创业项目的信息进行有效传达。在路演中，对于项目中比较关键的数据，一定要充分体现且能被验证，如与所处行业市场规模、市场竞争相关的数据，与公司用户与市场份额相关的数据，公司营收、毛利等财务数据，这些都是投资人高度关注的。而且在提融资需求的时候，一定要与公司经营和发展结合起来，投资人十分关注创业团队拿到资金之后会做什么、风险是否可控。同时，一定要注意把控时间。虽然主办方给了 15 分钟的时间，但应尽量控制在 8～10 分钟，因为时间久了大家的注意力会不集中。

任务实训

> 你觉得陈林团队为什么如此重视创业路演？

> 你觉得在准备项目路演时，需要注意的事项有哪些？

> 你觉得一家创业公司所处行业的市场规模、市场竞争等相关数据该如何搜集和整理？

在李明一边听一边总结的时候，陈林团队要开始路演了，他的思绪很快被拉回现场。李明此前看过 TE 公司的商业计划书[①]，对他们的创业项目有一定了解，很好奇陈林会如何来进行此次路演。

陈林一开场，并没有像其他团队一样直接介绍项目和团队，而是通过一个视频呈现了商用办公场景下常见的问题，如无便捷方法来进行远程会议资料同步显示和协同修改，进而出现办公效率降低，甚至引发团队矛盾的问题。随后陈林还用一系列数据支撑他的结论。接着，他以

---

① 商业计划书（也称投资计划书或融资计划书），英文名为 Business Plan，是公司、企业或项目单位为了达到招商融资和其他发展目标，根据一定的格式和内容要求而编辑整理的，一个向受众展示公司和项目目前状况、未来发展潜力的正式的书面文件。

公司目前的一个项目为微观案例，呈现了客户、收入和毛利等数据，以此展示公司目前的经营现状。

在陈林路演结束后，嘉宾的提问有些让李明意外。他们不像之前一样围绕着商业模式、财务状况、融资安排来提问，而是比较详细地问了创始人和团队之间的关系。

还没等李明明白过来，陈林便回答结束了。接着是下一个项目的路演……

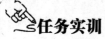
任务实训

> 为什么嘉宾会重点提问创始人和团队关系如何这一问题？

> 你觉得路演比赛最终的名次重要吗？为什么？

拓展任务实训

> 请在本节内容的基础上，再搜集和整理创业路演/融资路演相关领域的信息，并梳理和总结一场精彩的路演应该包括的要素。

> 请和同学组队参加"挑战杯""双创赛"等针对大学生群体的创新和创业类比赛。你觉得去参加比赛需要准备的事情有哪些？参赛的工作应该如何安排？

> 基于在参赛过程中和团队成员构思的创业项目，尝试完成一场正式的创业路演。

三、签署文件

在创业公司进行股权融资的过程中，最重要的环节之一是关于投资协议条款清单的谈判。投资协议条款清单，也称"投资意向书"，是投资人与拟被投资公司就未来的投资交易所达成的原则性约定，包括投资人与被投资公司之间未来签订的股东协议、公司章程等文件中的主要条款。

理论上讲，除了独家条款、保密条款，投资意向书中罗列的其他条款并没有法律约束力，但双方从信誉角度考虑，一般都会遵守约定。任何一家公司都可以同时与多家投资公司就各自提供的投资意向书进行谈判，但只能签署一份，如果有多家投资人联合参与同一轮投资，就签署同一份投资意向书。另外，创业公司在与某投资机构的投资意向书独家协议期限之内，不能与其他投资公司签署新的投资意向书。正式签订的投资协议或者融资合同将细化投资意向书的条款，并将条款的内容进行规范化表述，以减少今后因表述不清而造成的误解。

投资人经历过的投融资交易比创业者更多，也更了解各种投融资条款和细则，因此创业者需要在融资之前学习一些与签署投资意向书有关的专业知识。如果创业者没有提前准备，则很容易在拿到投资意向书时不知所措。

成长场景 7-8

警惕特别条款

上一次路演中，陈林团队虽然未能跻身前三，但也取得了第四名的成绩。项目本身以智能办公场景为主，刚好契合了当前"建设智慧城市"的风口，再加上陈林自信而精彩的路演，给会场的评委嘉宾以及诸多投资机构的与会人员留下了不错的印象。在路演结束半个月内，有3～5家投资机构找上门，希望与陈林团队洽谈投资事宜。经过一轮对比，陈林认为可以和CM资本进一步深入洽谈合作。

几经思考，李明对于是否进入TE公司有了决定。

今天李明要去TE公司开会，主要探讨CM资本给出的投资意向书里的条款。内部团队达成共识后需要进一步反馈意见给CM资本以推进下一流程。他刚到会议室坐下，张强也到了，9点前，所有与会人员都到齐了。今天的会议，陈林还邀请了一位律所的朋友杨晓一起参与。

在开会之前，李明通过邮件仔细查看了CM资本给的投资意向书，虽然只有10页左右，但囊括了投融资重要条款的信息。

在陈林简单开场之后，杨晓说："首先，我们来看两类基础的条款，肯定性条款和否定性条款。肯定性条款是被投资企业在投资期内应该遵守的约定，一般应包含：被投资企业须提供合适的渠道，以使投资人可以接触企业员工及获得企业的经营管理真实记录；被投资企业应定期向投资人提交财务报告；被投资企业须进行年度预算，且该预算要经董事会同意后方可实行；被投资企业应当告知投资人本企业诉讼、协议的未履行情况，以及其他会对被投资企业的经营造成不利影响的事项；被投资企业须遵守约定使用融资等。否定性条款是指被投资企业不得在投资期内从事约定禁止的行为。通常，否定性条款涉及的内容有禁止变更企业的股权架构和控制权、禁止企业管理层向第三方转让股份、禁止改变企业的主营业务等。

任务实训

➤ 投资意向书里的肯定性条款和否定性条款约定的相关内容是否合理？为什么？

➤ 请进一步搜集投资意向书里的肯定性条款和否定性条款的内容。

"从目前 CM 资本给的投资意向书来看，肯定性条款和否定性条款约定的相关内容是合理的。接着来看分段投资条款和对赌条款。分段投资条款约定的是投资人采取分阶段投资的方式来注资，即每一次只提供公司下一阶段的资金，只有当公司完成预期的经营目标时，投资人才会继续投资。因此，如果 CM 资本采取分段投资，团队需要探讨和确定的是基于公司近两三年的规划，拿出一个分段投资的方案与 CM 资本沟通，尤其在分阶段经营目标的确定上一定要慎重。"

"所以分段投资也是风投的一个常规做法，关键是分段投资方案的确定，尤其是分阶段经营目标的确定。"陈林确认道。

"是的。你们也可以在分段投资条款上对投资方进行反向约束，如注明打款注资的时间和期限等。"

任务实训

➤ 你觉得 CM 资本采取分段投资方式主要是出于对什么风险的考虑？

➤ 你觉得 CM 资本采取分段投资方式来进行投资会让 TE 公司面临什么风险？

陈林略做思索后，进一步问道："对赌条款是什么呢？上周和 CM 资本开会的时候也谈到了对赌，但目前对赌的具体条款还没完全定下来。我了解到对赌的风险似乎很大。"

"是的。常见的对赌条款，即企业创始人向投资人承诺，如果企业在规定期限内没有实现约定的经营指标，或未能实现上市、挂牌、被并购等目标，或出现其他影响估值的情形时，创始人必须通过现金、股份或股份回购等形式对投资人进行补偿。根据专业网站平台数据统计，对赌成功的案例仅占 23%，失败和中止的案例合计占 63%，另有 14%还处于运行之中。所以站在企业创始人立场来看，对赌条款是需要重点考量和权衡的，因为从数据来看风险很大。对于这一点，我建议你们多方了解 CM 资本投资的其他项目中的对赌条款，然后结合公司的实际情况来考虑，最理想的情况是拒绝对赌。"

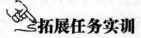**拓展任务实训**

➢ 请搜集并整理常见的对赌形式和内容。

➢ 除了会议中探讨的条款，投资意向书里还有哪些特别的条款需要创始人团队注意？

本章关键词

资本运作、现金流、债务性融资、权益性融资、资本结构、财务投资人、战略投资人、VC/PE、估值、路演、对赌条款

第八章
创业风险管理与创业退出

学习目标

表8-1　学习目标矩阵

节目录	场景构建	知识目标	技能目标	思维目标
第一节 无处不在的 创业风险	一、财务风险： 护好企业的钱袋子	现金流风险 知识体系	财务预算与管理	风险识别思维
	二、管理风险： 拒绝企业内耗	企业管理 知识体系	团队沟通、协作与管理	
第二节 风云变幻下如何 好聚好散	一、风光的退出方式： IPO上市退出	IPO知识体系	IPO利弊分析	风险管理思维
	二、挥挥衣袖而走： 股权转让退出	股权转让 知识体系	寻找合适的并购方	

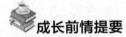
成长前情提要

　　在反复谈判后，去年年底CM资本最终投资600万元，以持有TE公司20%的股权。在CM资本投资之前，几经协商，李明和张强按TE公司1 000万元的估值分别投资100万元，各持有TE公司10%的股权，同时两人共同负责TE公司新设立的工程部，负责开展园区电气工程设计与实施的业务。此外，TE公司原有股东最新的股权结构是，陈林持有公司40%的股权，负责财务工作的谢昕持有公司10%的股权，另外，负责技术研发的雷俊持有公司10%的股权。

　　经过大半年的调研和思考，李明终于还是在事业上跨出了具有转折性质的一步。他知道这一充满不确定性的选择对事业，甚至整个人生的重要影响。好在家人对他这一选择是支持的，在确定最终出资额的时候，全家人对家里所有的资产、负债和现金进行了综合盘点，又结合风险、收益和流动性这三大特征重新做了资产架构的调整。

　　今天一早，李明吃完早餐就要一改以往的交通路线去TE公司上班了，出发前循例看了看财经新闻，被一组统计数据吸引了注意力。据时代数据创业公司数据库统计，截至2021年12月22日，全年一共有775家创业公司关闭。从失败原因来看，盲目烧钱、行业竞争激烈、融资能力不足、现金流断裂、政策监管收紧是创业失败的五大主因。此外，经营合规风险、团队问题、商业模式不对、产品入场时机不对、业务过于分散也是创业公司失败的主要原因。

关闭新闻界面，李明静静地望着窗外，不一会儿便开门出去了。就这样，他开启了自己事业的新征程！他对这一充满不确定性的旅程充满期待，同时也时刻警醒自己要小心谨慎……

第一节　无处不在的创业风险 ↓

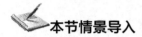 **本节情景导入**

今天是李明第一天以工程部负责人的身份在 TE 公司上班，工作安排很简单：上午有一个公司内部核心骨干的会议，主要探讨公司今年的经营规划；下午有一个公司股东和 CM 资本的团建会，主要是为了增强公司股东与 CM 资本之间的情感联络。相比而言，李明更看重上午的会议，原因有两个：其一，他和张强会作为工程部负责人向团队汇报今年的部门规划；其二，本次会议涉及今年公司的财务安排。去年年底，TE 公司与 CM 资本的协议里还是设置了对赌条款，不知道这对公司的经营与财务会有什么具体的影响。

一、财务风险：护好企业的钱袋子

财务风险，有广义和狭义之分。广义的财务风险是指企业在各项财务活动中，受生产经营不确定的影响或政策以及市场因素的影响，企业财务状况出现不确定性的风险问题；狭义的财务风险是指现金流风险或投融资风险。按照类型来分，财务风险主要有筹资风险[1]、投资风险[2]、营运风险[3]和流动性风险[4]四大类，如图 8-1 所示。

图 8-1　企业财务风险分类

---

[1] 筹资风险是资金筹措方面出现问题导致企业的财务状况受到较大的影响，而使企业出现资金链断裂的风险或者现金流难以维系的风险。筹资风险细分为利率风险、汇率风险以及再融资风险等多种类型。

[2] 投资风险是指企业将资金投入具体项目建设实施过程，因内外部原因，企业难以实现收益目标或者难以达到预期目标的风险。

[3] 营运风险主要是企业在生产经营活动开展过程中在各个环节中所出现的不确定性。造成营运风险的因素非常多，采购、生产、销售和收款等环节，都可能出现营运风险。

[4] 流动性风险，主要是企业缺乏足够的资金偿还债务以及资产难以及时地变现所出现的风险。流动性风险具体细分为偿付风险以及变现风险。流动性风险对企业来说是致命的，甚至会造成企业破产倒闭。

在诸多财务风险之中，对流动性风险的管理至关重要，因为现金流是企业的生存命脉，决定着企业的存亡。一旦资金链断裂，企业就会难以维持运营。因此，无论是就广义的财务风险而言，还是就狭义的财务风险而言，流动性风险都是企业在生存和发展过程中需要高度关注的风险类别。

企业想要获得长久的发展，必须重视财务风险管理，护好企业的钱袋子，而且还要高度重视流动性风险管理，时刻警惕资金链的危机，维持现金流的良性循环。

 成长场景 8-1

时刻警惕现金流风险

上午 9 点，会议正式开始。在各部门汇报年度工作计划之前，陈林率先发言："去年是公司发展的关键一年，因为有两件大事落定：一是拓展业务线，二是股权融资安排。经过大半年的对接和洽谈，去年年底这两件大事总算取得了阶段性的成果。其一，公司工程部正式成立，且由张总和李总牵头负责，两位在电气工程领域都是有一定影响力的人物。"说到这，他诚挚地望向了李明和张强，会场内也响起了热烈的掌声。

待掌声渐停后，陈林紧接前言："公司最终获得 CM 资本 600 万元的投资，而且 CM 资本在智慧办公和电气工程这个领域也有丰富的资源。公司既注入了新鲜的血液，又有了强大的资金支持，对公司未来的发展，我非常有信心！"

顿了顿后，他微微调整了神情，正式说道："在 20 世纪末，创业多靠胆识，谁胆子大、有勇气，谁就更有可能成功。而在几乎人人都是创业者的今天，除了胆识与勇气，创业者还需要对贯穿创业全过程的不确定性或者风险有全面的认知和系统的应对措施。值得高兴的是，公司打下了较为坚实的基础，但与此同时，大家别忘了创业无处不在的风险，尤其对于还处于初创阶段的公司而言。

"在因拿到投资而高兴的同时，大家也别忘了公司在与 CM 资本的投资协议里设置了业绩对赌条款。条款约定公司今年营业收入必须实现 50% 的增长，待今年园区电气工程的业务线搭建起来后，明年的营业收入必须在今年的基础上再翻番。如若能实现这一增长目标，CM 资本将在 3 000 万元估值的基础上按照 2～3 倍估值增长来进行第二轮投资，具体增长倍数取决于营业收入的增长倍数。如若我们不能实现这一增长目标，则须对投资人进行现金补偿，具体的补偿金额在投资协议里有详细的约定，最少是六位数，多则可能达到七位数。如果我们不能如期实现营业收入增长而要对 CM 资本进行赔偿，这对公司意味着什么，不言而喻！

"因此，成立新部门、拿到投资只是开始，今明两年是公司发展的关键。新业务线搭建起来，经营效益显著提升，这些都需要我们一步步去实现。我想说的就是这些，接下来请各部门汇报年度工作安排。"陈林说完后，会场气氛冷了几分。创业风险的确无处不在，任何时候都大意不得。李明很欣赏陈林内敛且沉稳的性格，这也是他决定加入 TE 公司的原因之一。

任务实训

➤ 如若 TE 公司未能完成对赌业绩，需要对 CM 资本进行赔偿，这对 TE 公司的影响是什么？

➤ 你觉得在合伙创业的选择合伙人时需要考虑的因素有哪些？

工程部是公司的新部门，且被寄予厚望，因此在陈林讲话完毕后，李明和张强作为部门的负责人分别从渠道拓展、业绩目标以及团队构建三大方面进行了详细的阐述。

核心要点有三个：其一，部门在第一季度先不配备人手，就由李明和张强两个人重点拓展市场渠道；其二，今年业绩目标是拿下本市东湖区新能源产业园电气工程设计与实施项目，产值粗略估计为 2 600 万元，项目周期为一年，如果能拿下这个项目，公司今明两年与 CM 资本的对赌业绩就有五成的胜算；其三，公司把业务重点放在工程设计上，工程实施实行外包，因此初步预计部门成员为 4~5 人（包括李明和张强）。

随后由研发部门负责人雷俊汇报，他主要介绍了升级一款远程会议系统产品的研发进度与研发经费安排。因为这个工作去年就纳入了计划，所以汇报很快就结束了。接着由人力部门负责人小文汇报，未曾想这一部分的工作安排最后未能完全确定下来。

公司拿到融资后，为了提振团队信心，之前规划全员涨薪：根据职级和年限，定了四档涨薪系数，分别是 1.6、1.8、2.0 和 2.2。谢昕测算后发现，如若按照这四档系数来涨薪，再加上年终奖金，且今年还有新进员工的安排，公司每年的薪酬成本将高达 300 万元，和公司之前的薪酬成本比起来翻了一番。

这时，谢昕补充道："去年年底与 CM 资本的协议里还提及需要公司规范税务相关工作。公司成立之初财务工作不规范，在报税和开票上存在纰漏，被判定为税务异常，且到现在都还有部分税款和罚款需要补缴，经测算公司于今年第一季度前需要补缴的金额是 85 万元。"因此谢昕建议调整涨薪系数，降低涨薪的幅度，且将薪资与绩效挂钩。

最后，谢昕感慨道："2020 年年底，轰然倒塌的学霸君①就是提醒我们需要谨慎的例子呀！"

大家在听完小文和谢昕的汇报后，沉默了一会儿。李明抬头看了看坐在不远处的陈林，他眉头紧蹙，抿了抿嘴角后还是没发言，显然他也十分为难。

✍任务实训

➢　TE 公司的工程部是新部门，被团队寄予厚望，但在第一季度先不配备人手，就由李明和张强两个人重点拓展市场渠道。你觉得这个安排是否合理，为什么？

➢　财务部门负责人谢昕建议调整涨薪系数，降低涨薪的幅度，且将薪资与绩效挂钩。你觉得谢昕为什么这么建议？

➢　对于谢昕的建议，陈林为什么会如此为难？

---

① 学霸君，成立于 2013 年，旗下业务主要包括拍照搜题、K12 阶段的 1 对 1 辅导等。其中，K12 阶段的 1 对 1 辅导是学霸君的核心业务。其曾是 1 对 1 辅导赛道的明星公司，于 2020 年年底突然破产倒闭。

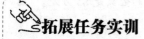

拓展任务实训

➤ 根据公开信息，截至 2020 年年底，学霸君已完成 6 次融资，最近的一次融资是 2017 年 1 月来自远翼资本、招商资本、晟道投资、启明创投等机构的 1 亿美元 C 轮融资，而最后其破产倒闭的原因却是资金链断裂。请自行搜集并整理信息，了解学霸君破产倒闭的始末，并总结学霸君现金流断裂的原因。

➤ 企业在经营过程中会因为什么情况而出现流动性紧张的风险？

专栏阅读

税务是公司经营的高压线

公司的经营伴随着税款的缴纳。创业者因为不了解纳税的有关政策而使公司出现不核税、不报税、少纳税等违反法律法规的情况时，就会面临补缴税款、缴纳滞纳金、缴纳罚款，甚至受到行政处罚等风险，严重影响公司的正常发展。为了规避这些风险，创业者需要按照规定处理好与税务相关的事项，解决好税务问题。

法律明文规定，公司应按规定缴纳税款。公司在经营的过程中，不可避免地会涉及税务问题。在公司的运营成本中，其所需缴纳的税款占据一定的比例。有时因为工作不规范，或工作人员的一时疏忽没有核税或报税，就会造成公司的税务异常。

核税就是核定税种。在公司开始正式经营之前，公司的税务管理人员需要根据公司的经营特点和实际经营范围核定公司需要缴纳的税种，如增值税、企业所得税、个人所得税、印花税等。在确定了税种之后，公司就可以按照核定的税种进行申报和纳税了。如果不核税，公司就不能记账报销，也无法领购发票，影响公司的正常运营。

除了核税，公司要想正常运营还需要定期报税。报税是指公司要根据经过核定的税种在规定的期限内进行申报，申报的税种不一定都需要缴费。有一些新成立的公司还没有实际经营业务，但是不代表不需要报税。一旦公司没有及时报税，公司的税务信息就会出现异常，等公司有实际经营业务的时候就会因为没有及时报税而受到影响。

一些还没有开始经营或正处在亏损期的公司，可以选择申请"零申报"。一家公司在纳税申报的所属期内，收入、支出及维护成本都为零，公司当期未发生应税行为，那么公司就要向税务部门办理"零申报"手续。但如果长时间申请"零申报"，就有可能造成公司的税务异常，被视为重点调查对象。

公司一旦被判定为税务异常，其日常经营就会受到影响。在公司与其负责人利益息息相关的今天，一旦公司被列入非正常户，公司的相关责任人（如股东）的事业也会受到影响，其经营的其他公司也会受到牵连，不能办理变更、注销等事项。对于申请解除非正常户的公司，税务部门将按照规定对其进行罚款。

如果公司没有及时核税、报税而导致税务异常，就需要准备好相关材料去税务部门申请解除税务异常状态，按照规定补充申报，并接受相应的处罚。税务部门核实无误后，即可解除公司的税务异常状态。

拓展任务实训

➤ 除不核税、不报税导致税务异常以外，在创业阶段还有哪些行为会让企业面临税务风险？

二、管理风险：拒绝企业内耗

什么是管理？

1916 年，亨利·法约尔从管理的过程出发解释了管理的概念，他的著作对后来管理学科的发展影响深远。当今著名的管理学①教材的作者斯蒂芬·P. 罗宾斯在法约尔的管理过程理论的基础上指出，"管理是通过别人或者和别人一起使活动完成得更有效的过程。除了上述的经典

---

① 管理学是研究管理规律、探讨管理方法、建构管理模式、取得最大管理效益的学科。因此，管理最为重要的作用，就是把人们联系在一起工作，共同实现组织目标。故，怎样提高组织整体力量就成为管理中永恒的主题之一。

表述之外，最简洁的对管理的定义是这样的：管理是通过别人完成任务的艺术。

因此，管理者很重要。

经理被比喻为"枪头"，意思是经理如同战场上的枪头一般冲锋陷阵。"枪头经理"精神固然可嘉，但却违背了管理的基本原则。如果一名经理事必躬亲，那必会滋生下属的依赖心理，有才能的下属也会因无法发挥才能而产生不满情绪。

那管理的目的是什么呢？

无论从实践的角度还是从理论的角度来看，管理的主要课题就是提高效率，也可以理解为管理就是为了提高效率。公司的管理水平与效益息息相关。公司的管理水平高，会对公司的发展产生积极影响；公司的管理水平低，会给公司的发展带来困难。不科学、不得当的管理模式，会使企业内耗，严重影响公司的效益。

而管理创业公司则容易出现以下两种情况。

有的管理者认为，小公司不需要管理，管理是大公司的事，只要抓好效益就行了。事实上，小公司也离不开管理。如果不采取必要的管理手段和技术，一旦工作开展起来，就会抓不住核心，顾此失彼，人浮于事，效率低下，使公司经营失控。

有的管理者则走向了另一个极端——极度重视管理。公司一成立，管理者就忙于制定一系列大大小小的制度，认为以后公司的一切管理只要照着制度来办就行了。但是，如果什么都用条条框框来精确衡量、严格行事，就很容易导致教条化，使管理失去灵活性，而且还会束缚员工，扼杀他们的创造能力，造成团队的整体效率降低。这同样不可取。

专栏阅读

科学管理的四大原理

研究过管理的人，一定认识泰勒[1]。

根据泰勒对科学管理的研究，我们发现在复杂的制造企业中，只有在企业的工人和机器的生产率达到最大时，即只有当工人和机器的产出达到最大时，企业才可以实现财富的最大化。其实道理很简单，与竞争对手相比，除非你的工人和机器比其他企业的工人和机器制造出更多的产品，否则，你便不能向工人支付更多的工资。因此，财富最大化只能是生产率最大化的结果。

泰勒用一生的时间所要探讨的问题，恰恰是管理的本质问题：管理要解决的就是如何在有限的时间里获取最大限度的产出，也就是如何使生产率最大化。泰勒在《科学管理原理》一书中，清晰地阐述了获得生产率最大化的四条原理：（1）科学划分工作元素；（2）员工选择、培训和开发；（3）与员工经常沟通；（4）管理者与员工应有平等的工作和责任范围。

科学划分工作元素是第一条原理，告诉我们工作分工需要从科学的角度出发，而不是凭借经验。但是做好了划分工作元素的工作还不够，还需要对承担分工的员工进行选择、培训和开发，这是第二条原理。泰勒把员工摆在最为重要的位置，也是告诉大家生产率取

---

[1] 弗雷德里克·温斯洛·泰勒，美国著名管理学家、经济学家，被后世称为"科学管理之父"，其代表作为《科学管理原理》。

决于员工的素质和训练的结果，所以管理者必须和员工进行有效的沟通，必须确保管理者和员工之间有着清晰的分工，并明确各自相应的职责。践行这四条原理，就可以实现生产率最大化。

这四条原则明确地阐述了，在科学分工的基础上，企业最重要的目标之一就是培训和发掘企业中每个人的技能，以便让每个人都能尽其所能，以最快的速度、用最高的生产率从事适合的工作。

 成长场景 8-2

团队管理的千头万绪

转眼间，李明加入 TE 公司已有半年了。

在这半年里，经李明和张强的尽心谋划、尽力部署，TE 公司已经拿下东湖区新能源产业园的电气工程设计与实施项目，上月底走完东湖区管委会的招投标流程，本月初已经正式签订合同。公司上下都为此振奋！拿下这一单，对于公司这两年的经营发展确实有关键的作用。因此，陈林计划在 7 月底，公司全员去市郊的云游山团建两天，既是为了庆贺也是为了放松。

与此同时，在拿下项目后，工程部也招了两个人。至此，TE 公司新设立的部门算是成形了，TE 公司新开的业务线算是建成了。李明心里悬着的石头也总算是落地了！

李明发现，同样是谈项目，如今作为股东去谈项目和以前只作为项目经理去谈项目，体验真的完全不一样！他更喜欢现在的体验，在一定的压力下确实能激发更大的潜能。此外，李明也发现他和张强的关系有了微妙的变化，很难用语言去表达。

例如，张强性格相对豪爽外放，也健谈。但李明发现，张强在商务会谈时，一谈得高兴，就容易收不住，甚至可能会忽略甲方的状态。事后李明委婉地跟张强提起过，但张强反而说李明在对外合作的时候状态太过内敛，商务会谈虽然是谈事情，但也是人与人的相处，所以需要营造一定的氛围，还提醒李明外放一些，事情才会谈得更顺畅。

两个人都没有完全听进去对方的建议，每一次对外会谈，在李明眼里，张强收不住；而在张强眼里，李明太过内敛。之后，两人都心照不宣地不再提及此事了。

 任务实训

➢ 你觉得在商务会谈中，是需要严肃一点还是轻松一点？评价李明和张强对待商务谈判的观点，你觉得他们的观点有绝对的对错之分吗？

> ➤ 为什么后面两人都心照不宣地不提及此事了？你如何看待两人的这种选择？

又如，在工程设计方面，两人都有丰富的专业设计经验，难免会出现意见相左的情况，而两个人都对事尽责认真，总不免争论。虽说是对事情的争论，但在谁也不服谁的时候，总会对彼此有些情绪。

虽说情绪会消失，冷静下来后李明仔细回想争论的点，也会觉得两个人的方案都可行，但随着争论的次数增加，两个人的关系似乎变得有些疏远。这半年来，两个人很少像以前一样谈天说地了。

在忙完招投标、签完合同后，李明决定趁着团建放松的时候，好好找师兄张强聊一聊，并找到一个缓和两人关系的方案。

✍️ 任务实训

> ➤ 在工作上有不同的意见和方案，这是很常见的情况。但正如李明所感，在无绝对的优劣之分时，应该如何处理团队里不同的意见和声音呢？

> ➤ 李明感知到和张强的关系存在微妙变化应该有段时间了，他为什么会选择在忙完招投标、签完合同后，再和张强好好沟通？此选择对你有哪些启发？

拓展任务实训

➤ 电影《中国合伙人》的原型是新东方的创业历程，讲述了本是好朋友的成冬青、王阳、孟晓骏合伙创业的故事，片中三位合伙人因为争议在王阳的婚礼上大打出手，王阳感慨："千万别和最好的朋友合伙。"你如何看待和评价这句台词？

➤ 对于缓解李明和张强关系的方案，你有什么好的建议吗？

在云游山团建期间，李明在找张强聊天时发现他也有意在这两天和自己好好聊一聊。有着深厚的情谊基础，再加上真挚坦诚的沟通，两人之间的隔阂在你一言我一语中化解了，他们也找到了以后在共事过程中"朋友关系"与"合伙人关系"的平衡点和可行方案。从云游山回来后，李明发觉和陈强在共事的过程中更有默契了。

这天，陈林在工作群里发消息：下午2点开会，公司核心创始人探讨对研发部小袁的工作安排。小袁虽然不是工程部的同事，但李明对他有印象，是个研发的好手！而且在公司成立之初就来了，是TE公司的骨干成员。公司在5月进行了一次内部架构调整，小袁晋升为团队主管，现在又要调整，是出了什么事情吗？

带着些许疑惑，李明早早就来到了会议室。会议正式开始后，研发部负责人雷俊直接向大家说明了原委。

在5月公司内部架构调整的时候，考虑到小袁过硬的技术研发能力以及在公司的年限，所以让小袁晋升为团队主管，带了两个人主攻公司智慧办公系统的技术研发，主力放在会议系统这条产品线上。但这几个月他们团队出了很多问题，如在雷俊和小袁沟通好产品上线计划后，产品却并不能按照计划如期上线，雷俊详细了解后才发现小袁并未和团队成员沟通整个计划的进度安排，只是在技术上与成员有沟通；又如，雷俊发现在小袁汇总提交的方案中，他对另外两个人完成的工作汇总不多，三个人各顾各的。对于未能及时且高质量完成相关研发任务，团队的两个成员表示很有压力，但不知道该怎么和小袁沟通。

雷俊已经就发现的问题和小袁沟通，希望他能加强团队协作工作，但小袁也表示很无奈，他觉得技术研发重技术，基本沟通好后就各自做事。

时间过去两个多月，之前的产品上线计划还未能完成，鉴于此，雷俊觉得不能再拖了，所以才有了今天的会议。

听完雷俊的汇报后，几个股东陷入了沉默。

一方面，小袁对于公司智慧办公系统相关产品的研发确实功不可没；另一方面，时间也不能再这么耗下去了……

✍ 任务实训

> TE 公司为什么要将小袁提拔为团队主管？

> 根据雷俊的描述，你觉得小袁适合团队主管这一职位吗，为什么？

专栏阅读

因材施用的三大原则

所谓因材施用，就是根据每个人的才干来安排他的职位，具体有三个法则。

第一，防止"彼得原理"奏效。

传统的方法是把优秀的人提拔到主管的位置上。但这有可能导致陷入所谓的"彼得原理"的用人陷阱。劳伦斯·彼得[1]提出，一个人如果在职场中的发展是通过不断提升职位来实现的，最终会到达他无法胜任的职位。

如果一个人只有通过晋升才能不断取得待遇的提升，那彼得原理的奏效就不可避免了。

科学的方法是在适合其才干发挥的职位上提高待遇，满足其需求。如此才可以让人的才干与职位匹配，并能使人获得物质上的满足。

第二，向员工反馈业绩结果。

所谓反馈，就是把业绩的结果告诉业绩的执行人。

反馈时要回顾过去，然后将注意力转移到未来。提供反馈的好处是让员工关注工作结果，并鼓励他用适合自己的方式提高工作效率。

第三，拨乱反正。

让一个在职位上不胜任的人离开，让他回到自己擅长的岗位上去。

 拓展任务实训

➢ 对于小衷的工作安排，你有没有好的建议？请详细阐述你的方案，并说明理由。

第二节 风云变幻下如何好聚好散

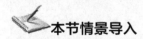 **本节情景导入**

正所谓"天下熙熙，皆为利来；天下攘攘，皆为利往"，因利合伙，必然也会因利退伙，甚而散伙。

时间很快，一转眼，李明进入 TE 公司已三年有余。在这段时间里，TE 公司的电气工程业务开展得不错，超预期完成了与 CM 资本的对赌条款，CM 资本也守诺在去年联合 LM 资本完成对公司的第二轮投资。此时，公司估值高达 1.2 亿元，是此前 3 000 万元估值的 4 倍。而李明持有的股权价值，是原来的 12 倍。带着欣喜，他以为接下来公司会发展得越来越好，不承想公司因退伙问题陷入"至暗时刻"。

---

① 劳伦斯·彼得是美国著名的管理学家，现代层级组织学的奠基人，教育哲学博士。

一、风光的退出方式：IPO 上市退出

首次公开募股（Initial Public Offering，IPO），是指一家企业（发行人）第一次将它的股份向公众出售。IPO 上市是创业企业获取资本，迅速发展壮大的重要途径。

很多人提到上市，立马就会想到筹集资金、企业治理、资本运作等，但这些属于上市的功能，或者说上市的好处，却不是上市的本质。那么，该如何理解上市的本质呢？

有专家认为，上市的本质即"企业价值变现"叠加"流动性溢价"。

一个企业的内在价值取决于其未来创造的收益和利润，根据基本的估值原理，对企业未来创造的收益和利润进行贴现便可知其当前的内在价值。一家企业上市后，其股份在证券交易所系统公开买卖和交易，便会在当期形成一个市场对其认可的公允价格，因此企业价值变现便体现为其当前被市场认可的股价或者市值。

证券交易所系统提供的交易平台使企业的股份在遵守相应规则下实现流通和交易，进而盘活了企业的价值。

因此，由不同利益主体持股的企业，在发展到一定规模之后，其持股主体都会在一定程度上推动企业上市，除了借助资本进一步实现企业的发展壮大，也希望通过企业上市所带来的流动性溢价实现自身股权价值的变现。

专栏阅读

上市的好处

（一）募集资金，促进企业的快速发展

企业通过发行股票可一次性募集规模较大的资金，通过对募集资金的合理使用，企业能够获得超越同行的快速发展契机。

（二）建立持续、稳定的融资渠道

上市公司信用资质较高，有利于获得银行贷款。重要的是，企业通过资本市场可实现持续再融资，获得源源不断的发展资金，健全直接融资与间接融资两大融资机制，有效降低融资成本，降低对银行的依存度，特别是能有效避免银行信贷收缩时的不利局面。目前上市公司再融资的手段包括股权融资（如配股、定向增发等）、债权融资（如银行贷款、发行债券）、混合融资（如可转换债、优先股）、结构融资（如企业资产证券化）等。

（三）完善企业治理结构，健全现代企业制度

在企业准备发行上市过程中，证券公司、会计师事务所等专业机构会对企业进行尽职调查，诊断企业在设立、生产经营、财务管理、公司治理和内部控制等各个方面存在的问题，对企业进行专业培训和辅导，帮助企业重组和改制，健全现代企业制度，完善公司治理结构。

（四）借助资本市场建立有效的股权激励机制

无论是国有企业还是民营企业都可以通过适当的股权激励设计（如股票期权、限制性股权等）来吸引人才，提高企业经营绩效。上市公司股权因具有天然的流动性和溢价空间，对员工具有极大的吸引力。

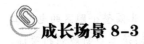

成长场景 8-3
IPO 风光的背后

去年年底，CM 资本联合 LM 资本对 TE 公司进行了第二轮投资，当时两家机构的负责人明确提出了推动公司上市的想法。其实，在陈林看来，目前将公司上市计划提上议程，公司会有一定的压力和风险，但也觉得通过上市进一步放大资本运作的效益后，公司能实现从量变到质变的增长，承受一定的压力和风险也未尝不可。况且，上市后可以将股权变现，实现个人财富的增长。另外，CM 资本和 LM 资本退出也势在必行。几经考虑，陈林决定将推动公司上市正式提上日程。

在和资本方代表反复讨论之后，TE 公司在今年年初最终敲定了上市规划方案。在一片向好的发展之中，只有陈林、李明、张强、谢昕以及雷俊五人感知到了前所未有的压力……

公司的上市规划方案分为两个阶段：第一阶段是从今年到明年，进一步做大公司规模，其中的关键指标便是收入和利润在去年的基础上翻番。去年公司营业收入为 3 600 万元，净利润为 1 700 万元，因此公司需要在这两年里实现公司营业收入达 7 200 万元，净利润达 3 400 万元的目标。第二阶段是从明年下半年开始，在公司经营规模达到预期增长目标后，便正式成立公司的 IPO 项目组，和专业的上市辅导机构紧密协作，进一步推进 IPO 流程。

任务实训
➤ 在 TE 公司上市规划方案中，为什么第一阶段工作是进一步做大公司规模？

拓展任务实训
➤ 辅导企业上市的专业机构都有哪些，它们各自的职能是什么？

转眼又过去一年。在这一年里，TE 公司顺利拿下了西湖区高新产业园整个园区的电气工程设计与实施项目，以及智慧办公系统配套装置项目。西湖区高新产业园是本市新规划的项目，园区面积虽然不比东湖区的新能源产业园，但会作为西湖区的产业园标杆来进行打造，因此这一单就足以让 TE 公司实现营业收入和净利润翻番的目标。

其实在之前规划上市进程时，李明一行人对于拿下这一单把握并不大，所以对于实现上市前的业绩目标，感觉压力不小。好在之前公司在东湖区做的项目得到了东湖区的官方认可，积攒了好口碑！

如今，完成了业绩目标，接下来就是全力推进 IPO 流程了。上周，TE 公司正式成立了 IPO 项目组，项目组成员主要有陈林、谢昕、李明以及雷俊，另外 CM 资本和 LM 资本各派了一位代表加入。

如今工程部相关的工作都由张强负责，李明基本都在配合陈林推进公司上市的工作。因此，最近他的日常便是陪着陈林，在 CM 资本和 LM 资本的介绍下，与各专业的上市辅导机构洽谈。经过两三个月的洽谈，最终 TE 公司确定了自己的上市辅导券商为 NH 券商，并同 NH 券商一起确定了会计师事务所 Y 和律师事务所 Z，接着便是进行尽职调查与上市整改。

在这个过程中，李明不由感叹公司及其团队承担的巨大成本。其他先不说，聘请这些三方机构辅导公司上市便是一笔巨大的费用，无论最终是否成功，费用都是要给的。公司最终上市成功后，还得再给券商一笔巨额佣金。而且在专业机构进驻公司进行尽职调查后，各部门还需要积极配合工作，这其实对公司的正常业务经营也会有一定程度的影响。如若公司在业务资质和业务经营等方面存在问题，还需要立即整改和完善。要是能迅速推进流程还好，若流程推进不顺利，公司除了承担直接的经济成本，还要承担不可忽视的隐性成本。

在高强度的 IPO 筹备工作下，时间过得更快了！又过去一年，IPO 上市进程来到了一个关键节点。这天有一个由 NH 券商召开的尽职调查总结会议，TE 公司创始人、股东和 CM 资本、LM 资本的代表都会参会。

任务实训

> 为什么公司在上市过程中需要聘请专业的三方机构进行上市辅导？

会议开始后，券商负责人 A 开门见山："经过一年左右的尽职调查与辅导，目前针对公司在资质、经营、财务、司法等方面的瑕疵都基本敲定了修正方案，接下来公司将根据方案落实修正和完善的相关工作，我们会协同会计师事务所和律师事务所加快推进底稿撰写的工作。不过经过反复讨论后，我们建议公司在业务结构上再优化和升级。目前公司六成的收入源自电气工程的设计与实施，但拿项目的持续性难以保证，且在实施上以外包的形式来实现，因此存在一定的业务经营风险。鉴于此，我们建议公司加强系统软件的业务线，即加强智慧办公系统软件技术和产品的开发。同时，之前有了解，公司有意从智慧办公系统开发延伸至智慧家居系统软件的开发，这样还能在 B 端市场的基础上拓宽 C 端市场，因此也建议将这个计划提上日程……"

李明听到这，心里不禁嘀咕：之前成立工程部便是为了让公司的业务和收益规模实现快速增长，虽然确实存在拿项目的不确定性，但每拿下一个项目都是一个大单呀！不过实施外包确实有一定的风险。但如果真这么规划，工程部以后的定位就只能是一个辅助业务部门。之前不管是团队内部，还是和两家资本方都探讨过要开发智慧家居系统的软件，进一步拓宽 C 端市场，难道现在就要快速提上日程了吗？虽然有一定的技术基础，但产品研发也不是一两个月就能完成的事情，还要考虑团队的建设以及市场渠道的开拓等。

✍ 任务实训

➢ TE 公司在这个时间节点上加快智慧家居系统软件的研发，面临的风险大不大？为什么？

✍ 拓展任务实训

➢ 公司上市有好处，但也有弊端。请结合 TE 公司目前的处境，搜集整理相关信息以了解公司上市的弊端。

> 请进一步搜集和整理公司上市的流程。

上次会议后，TE 公司团队业务架构调整方案还没完全确定，毕竟事关公司资源的配置以及业务调整，所以对智慧家居系统软件，团队内部只达成了"加强技术研发，不急产品上线"的共识，具体实施方案还未完全确定。但此时，TE 公司意外得知因合作的 Z 律师事务所合伙人内部分歧，负责公司项目的签字律师 A 带着团队跳槽了。

在上市辅导进程中，若签字律师换人，那之前的尽职调查工作都得重新再来，一会严重影响进程，二会让监管部门和市场怀疑公司存在问题。

鉴于此，陈林和团队内部商量后希望先暂停 IPO 进程，因为在过去这一年多的时间内，公司和团队为此付出的成本太大，目前公司出现了资金流动紧张的征兆，同时团队上下也因此而人心不稳。但 CM 资本和 LM 资本却认为，都已经付出了这么多的时间、精力和成本，如若临时叫停，那岂不是白白浪费了此前付出的成本。

李明和陈林对两家资本方的动机很清楚，他们想变现了！他们认为，这一闹，公司的经营受到一定的冲击，如若再不趁此冲刺，那得等到何年何月才能 IPO？

为此，TE 公司和资本方第一次出现了严重的分歧，双方僵持不下，资本方还一度威胁通过司法流程来解决争端。IPO 叫停后，公司上下本就承担了巨大的成本和压力，再加上和资本方关系的恶化，整个团队都笼罩在失意和纠纷的阴云之中。巨大变故之下，有些年轻的员工担心公司的未来发展，在这时提出了离职……

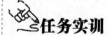 **任务实训**

> 为什么对于 CM 资本和 LM 资本而言，IPO 是他们最期望的退出方式？

二、挥挥衣袖而走：股权转让退出

大家齐心协力，创建了企业，然而在企业发展壮大的过程中，由于各种原因，可能选择中途退出。选定好合伙人中途退出的模式，有利于企业迅速度过转折期，迎来新一轮的发展。除了 IPO 上市退出这一理想的退出方式之外，股权转让退出也是实务中常见的一种退出方式。根据股权转让的对象不同，股权转让可进一步分为并购和回购。

并购，是指企业之间的兼并和收购，具体可以分为吸收合并、新设合并和购受控股权益三种形式。吸收合并，即兼并，是指在两个或两个以上的企业合并中，其中一个企业因吸收了其他企业而成为存续企业的合并形式；新设合并，又称创立合并或联合，是指两个或两个以上企业通过合并同时消亡，在新的基础上形成一个新设企业；购受控股权益，即收购，是指一个企业购受另一个企业时达到控股百分比的合并形式。

回购，是指企业的所有者或管理者购回退出主体所持股份，具体分为管理层收购和股东回购。管理层收购是指企业管理层利用高负债融资买断本企业的股权，使企业为私人所有，进而达到控制公司的目的。

专栏阅读

并购的分类

并购可以分为如下三种。

（一）横向并购

并购双方处于同一行业，生产、销售或提供相同的商品或服务。这种并购有利于弥补企业在资源配置方面的不足，可以产生规模效应从而降低成本、提高市场占有率。其弊端在于容易产生垄断寡头，扰乱自由市场规律。

（二）纵向并购

并购双方处于产业链的上下游，在经营对象上有着密切联系，但分属不同的产销阶段。这种并购有利于将交易行为内部化，减少市场风险，同时也能对外界设立进入壁垒。其弊端在于企业过大，可能由于管理能力不足而降低效率，失去原有的灵活性，进而产生连锁反应。

（三）混合并购

并购双方既不属于同一行业，也没有上下游关系。这种并购行为有利于实行多元化战略，降低主业的经营风险。其弊端在于多元化的经营资源利用率相对较低，在管理不善的情况下容易产生财务风险。

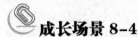

成长场景 8-4

寻找合适的并购方

最终，资本方还是妥协了，考虑股权转让退出，要么寻求并购方，要么由 TE 公司的股东回购股份。李明心想，如若和资本方关系闹得太僵，公司再摇摇欲坠，那不管是寻求并购方还是股东回购股份，概率都不大。

与回购相比，TE 公司和两家资本机构都希望寻找到合适的并购方，以实现股权架构的调整：CM 资本和 LM 资本退出，并购方进场。对 TE 公司而言，如若能寻找到合适的并购方，那代表着有新的资金和资源注入公司，并且股东也不用面临回购股份的资金压力。

经过一轮接洽，李明和陈林一致觉得，可与 R 公司进一步深入接触。

R 公司是一家在智能家居领域有一定影响力的公司，之所以有意向购买 TE 公司的股份，是因为看中其在智慧办公领域的积累。另外 Y 公司也有意向购买 TE 公司股份，其是做商业地产开发的，之所以想参与对 TE 公司并购的洽谈，是因为 Y 公司希望在房地产行业不景气的阶段，多元化布局其他领域。对此，李明和陈林都觉得 TE 公司和 Y 公司业务资源的整合价值不大，实现不了"1+1>2"的并购效应。但因其给的估值和报价比 R 公司更高，因此两家资本方希望可以进一步谈判。对此，TE 公司和 CM 资本、LM 资本又出现了分歧……

任务实训

➢ 为什么 CM 资本和 LM 资本也希望引入合适的并购方？

➢ 根据并购双方所处的行业是否相同来看，R 公司对 TE 公司的并购属于什么类型的并购？Y 公司对 TE 公司的并购属于什么类型的并购？

➤ TE 公司和两家资本方对于 Y 公司的分歧点是什么？你觉得两方的考虑是否都合理，为什么？

叫停 IPO 已有大半年，TE 公司在短短半年的时间里经历了太多：叫停 IPO，承担筹备 IPO 的沉没成本，先不说隐性成本，光摆在账面上的经济成本就近 1 000 万元，公司因此还面临资金流动紧张的局面；与资本方关系恶化，虽然现在稍有缓和，但资本方退出是必然的，若想平稳度过转折期，公司还需要进一步考虑资本方退出后，引入新的资金和资源，但现在 TE 公司的议价能力并不强；同时，在接洽新的并购方过程中，TE 公司和两家资本方又出现了分歧，与两家公司接洽了几个月，目前方案还不能确定下来，每多拖一天，TE 公司就不能早一天回归正常发展轨道……

夜深了，但李明毫无睡意，最近这段时间他的睡眠质量都不太好，他需要考虑的事情不少，忧心的事情也不少。李明忽然想起白天从办公室出来，抬眼偶然看到过道对面的陈林，意外发现他的头发都有些花白了，明明比自己还小几岁！

TE 公司能否平稳地度过转折期？能否顺利引入一家合适的并购方？CM 资本和 LM 资本能否稳妥地退出，不再左右公司的运营和发展？之前希望通过上市变现部分股权，如今上市是否还有希望？

望向窗外，对这些问题，李明心里也没底！回想起数年前自己决定加入 TE 公司的种种场景，一切都像一场不真切的梦……

拓展任务实训

➤ 在寻找合适的并购方时，被并购企业需要考虑的因素有哪些？

> ➢ 在 TE 公司的案例基础上，进一步搜集和整理信息了解什么是资本运作，在此基础上进一步分析，资本运作在公司发展过程中的影响都有哪些？

本章关键词

创业风险、财务风险、现金流风险、税务风险、团队管理、IPO、上市辅导、并购、回购

本篇推荐阅读

[1] 王旭良. 创业融资：从天使轮到 IPO 上市. 北京：电子工业出版社，2020.

[2] 徐洁云. 小米创业思考. 北京：中信出版集团，2022.

[3] 曹海涛. 合伙创业：合作机制+股份分配+风险规避. 北京：清华大学出版社，2019.

[4] 宁寿辉，赵晶晶. 新手开公司实战指南. 北京：中国商业出版社，2022.

[5] 全联军. 股权一本通：股权分配+激励+融资+转让实操. 北京：清华大学出版社，2018.

[6] 黄一帆，朱瑞丰. 从 0 到 1 开公司：新手创业必读指南（实战强化版）. 北京：人民邮电出版社，2020.